目錄

浙江潮第九期目錄

癸卯九月二十日

目錄

購閱畧則

一定閱本誌在東京者可函向本發行所掛號每期當按址寄送在內地者可就近向上列各代派所購取或逕寄函本社亦可但必須將報費郵資先行付下自然按寄無誤

一向本社定購者由本社發給收條向代派所定購者由代派所發給收條遇有已付報資而報未能按期送到者可憑收條向原定處函索

售報價目表

全年十二冊	半年六冊	每冊
三元二角	一元七角	三角

本誌原有旁註頗不明晰自七期起删訂如左（一）用日幣者照表八折（二）向申杭總發行所批售逾十分者照表八折（一）每冊加郵費二分全年二角

廣告價目表

洋裝一頁	洋裝半頁	一行（四號十七字 五號二十二字起碼）
七元	四元	三角

惠登告白者須於本編定期發刊之前交到價須先付登長年半年者當格外從廉

本誌緊要告白

一本誌杭州總發行所現已移至**下城頭巷錢益和木器店對門**又新改上海棋盤街**國學社**爲本誌**總代派所**特此聲明

一本誌第四期第五期業已售罄而索購者猶紛紛不絕現已**再版**不日出來

浙江同鄉會贊成員題名

董阜成先生　捐日金伍拾圓

本會蒙　同鄉諸君樂助多金無任感激合亟誌此鳴謝

同鄉會幹事謹啓

西湖勝景

西泠橋晚景

湖心亭秋景

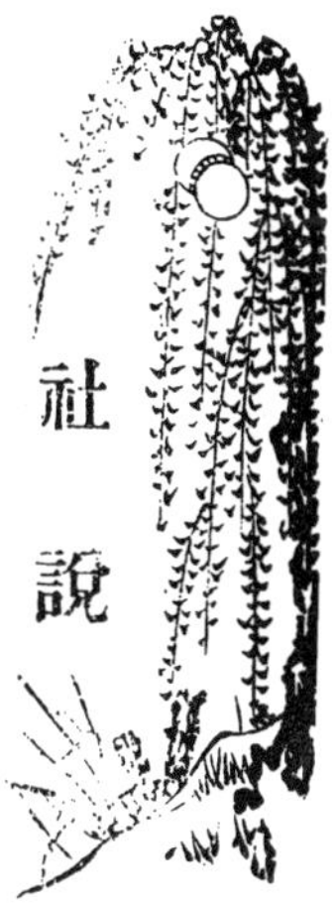

新社會之理論(續第八期)

續前新社會之主義

大我

而政府對待之策曰對於內調和各團体以發達國力對於外增進社會之利益及福祉而於是殖產政策保護貿易政策殖民政策諸大暗流遂奔注於我社會中

(甲)殖產政策　是策也非基於貨幣說非本於貿易差額論非關於關稅之保護非因於航海法之存廢唯一之理由曰建造經濟的大國家而已樹一學說曰經濟無國境主動者爲注入貲本鬻土地拓工業而受動者爲借外債例如露國對於法國而負巨大之債額也然苟貸主與債主兩勢不相敵貸借之友義一轉而爲侵略之媒孽抵押不足加之請求請求不從因而要挾其始經濟無國境其終政治無國境

夫果政治無國境國之義安在耶然以爲轉移彼社會中之資本及勞力計固甚善也是固十九紀後各國利用侵略新政策而祖英人洛寶斯氏於强大國旗保護之下以貲本注入於非洲而利即以之注入於亞洲而無不利是關稅抵押路鑛抵押之劵覆亡之劵也

(乙)保護貿易政策　是策也與十八紀末十九紀初之鎖港政策異前者因域內事業之幼穉而爲消極的保護後者因己國經濟之膨脹而爲積極的保護是也於其生產有奬勵金恐其輸出品困於外國重稅而裹足也有補助金非僅保護大貲本家大商業也抑且保護個人利益以故三十年新造之德由農業而建經濟新帝國矣英自特劉吐建議後而誇讚英國之繁榮者轟耳矣保護之目的二其內容則獨立之觀念也若製鐵若造船凡生產事業關於社會命脈者務使能獨立自活而無仰給他族之虞猝遇不虞和平可也決裂可也其外著則以自社會入他社會而攘取利益也使其主權遍及於各地質各氣候之工業場爭新舊兩世界之海上權而即以鋼艦速射砲爲武裝之平和翼其後猝遇不虞和平可也決裂可也然其對於

對等國也猶藉法治之力而注視於通商條約之可否至其入疲靡頹壞之社會中則罔有迫會無公約有威嚇無法治久矣。

(丙)殖民政策　是策也取鑑往古。若腓尼西亞。若希臘。若羅馬。繼其踵者爲西班牙。爲葡萄牙降而爲英法諸國人民或求宗教之自由或脫政治之束縛或輸出母國製造品而拓新地爲市場非必有覆絕他社會之觀念也至今日而一變其在澳洲昔倫敦開設澳洲殖民地紀念會時其殖民大臣利登氏曰英國者萬一遇危亟之秋乎我母國之子女必不忘其母國艨艟百萬其蔽海而至矣是澳洲存而英國不亡也故雖有憂加拿大及澳非大殖民地他日或有仿合衆國之例而獨立者而仍不害其民族之感情也其在非洲法據三方鼎足之勢而欲橫斷撒遜沙漠及橋頓之中央英則建南北縱貫主義冀遂其由非達亞橫貫中央大鐵道之奢願雖歲耗巨金利市十倍其在亞洲露本寒帶人民頻年侵阿富汗壓印度之背不遂則投十五億貲金徙之滿洲德於青島建設都會直控齊魯而群雄紛集膠州之割不啻爲招集白人之進軍喇叭繼是而支解臠割爲他族長子孫之地者恐不勝痛英之獎勵殖民也議曰生二子者免稅而露而德而義而奧今其人口增殖較之十世紀初均加倍焉而曰宇內之土地尚廣漠無垠也乃擇其人口稀少物產豐阜者而部而居之不我從則吾以兵力曰若曷不開放門戶爲顧以門戶開放而始爲利益綫之名詞因利益綫而始爲利益範圍之見象嗣是而保護國以名而附庸國以名而領土以名以此則門戶開放以彼則禁逐華人此則求之七返不得其解者也

觀於是而知消內競益以逞外競也而知營運社會者非位相軋非勢相凌以位以勢內團競爭也十八紀後固以政府爲不得已之害物而減其權重其監視有圖不利於社會者其根基已仆矣反之則今之外團競爭是也我社會與他社會差別極嚴雖長城無逾其鞏固雖重瀛無逾其遼隔也人民悉瞭於大勢舍閱牆之嫌而禦外侮之入各立於一集合体色旗之下眈伺突飛力於外攘其諺曰汝之物我之物也我之物我的物也今日民族戰爭例由是也是故經濟世界者以撲滅鄰人壓抑後進阻自然之發達以使役他族掠奪物質成遂世之功業而認爲大法信爲適例有明驗矣且以利已傾人之動力勢無一瞬止而字曰進化何進化之殘忍如斯耶

雖然物不自立則仆不自衞則害物至外部生長其形式內部強固其實質也使其基礎不固一社會中無共同利害相依相互之精神一飯之頃已離渙矣厘厘侈遠略云哉人民予政府以確定之權政府予人民以永延之利非相互之酬報而相因之職任然耳今者機械之工業愈發達勞働之生計愈充裕使一部分與衆部分其智其富如水平綫無左右傾所爲消弭民黨釋除憤怨之方以是而曰不然舍民政主義取軍政主義則何以維廉老帝與鐵血相之鎭壓令數數下而終不能平激烈之衝突逾時而旋變其針向乎則何以變橫專擅政教一致之俄帝閱今日而甘下於民公播憲法乎然試起而觀之我社會之政府賄賂自由官吏掠奪自由殺戮自由而獨不與人民以言論自由結社自由選舉自由試舉而視之我社會之人民生者不知其所以生死者不知其所以死無市政無區醫無勸業銀行義務教育蠢蠢貧窶不知生活之程度而大禍之乘其後無論其他論吾浙時逾十年而大吏報告之人口依然十一兆五十萬餘人也以日本四千六百餘萬人而每年爲五十萬之增加豈浙人而獨如印度社會之不生不滅觀更一瞪目而腦中一幅之慘圖如泣

社說

如訴愁苦萬狀美利堅加拿大秘魯墨西哥巴拿馬新金山檀香山小呂宋及運春海參葳西伯利諸埠嘤嘤七兆諸人裸骵稱疫有聞烙印有聞洗埠有聞而彼公使領事苟非淫其妻女而攫以白刄必漠然不介意也顧孰非黃顱一系之血統乎俄人曰自多腦河畔巴幹山脉之南北至亞鐸略幾海必使鎔斯拉夫族爲一丸而其於波蘭芬蘭人種惄然也此殆舊政府之借鑒也猶是殖民在他社會爲幸福之增長在我社會則災害之洊至也試返而觀之我社會之土地膠州割而爲波蘭第一次之瓜分滿洲割即爲波蘭第二次之瓜分大禍我迫不延旦夕至今日而一市村一路鑛皆含有世界之性質之傾向可不謂之大哀哉噫誰實爲之誰實爲之夫土地人民政事社會存立之要素也要素既失國胡有社會胡存千八百九十八年英法拂瀨大之役而還避兩文明國衝突之危機而平穩競注於未開社會厥利較多計之熟矣今者對於內無訓練無秩序之行運對於外無防禦無進取之目的僝焉俑焉側焉徨徨活餘歲焉將效脂韋絜楹之態一償其博大官蓄金鏹之快念爲長樂老之歷事四朝而倖他人之莫予毒乎抑瞋瞋顚顚自詡温飽爲蝸牛之鬬

庭而逃外界之擊刺乎將唏噓身世寒灰槁木而負鍤以隨絕粒以終乎抑嵩覷憤嗚嘗無一策在大命淪而徒紀亾國之甲子酹杯酒於湖山藉表餘忱乎將爲平和之改革尾跛鼈而致千里乎抑爲文字之流血無信念無節操葬於讀者之冷嘲暗笑歿焉以終乎將左挾武器右懷劇葯開血路於中原而以個人建廓清摧陷之功乎是數主義者其必有所擇矣夫社會之造盜賊不造豪傑者有黴菌以爲之傳染也非社會之過也是黴菌者一形成裂爲百且百其形焉故一人病而死者以百千萬累而積其爲聲也能使人面而獸嗚其爲象也能使六覺盡失以太不靈其蓄志苯謀不利社會者即其孕毒最烈者也去其黴菌絕其傳染是社會之衛生術治療術矣

篇四新社會之組織

將欲於一團体中備特殊之官能組心力而一系使一人聖而無常識者比比然誰與表同情也是有以同化之同化云者非人種問題國界問題而人格問題也然有頑梗勿若顯樹一團体之敵而挾異分子者是有以排泄之大慾勿除無以滌污俗

社說

惡魔不滅又焉賴救世主也因是原則而毀成之則有俠之組織智之組織

(甲)俠之組織　吾人者笠靑冥孕黃壚我勝我尊物勝我仆上溯原人下至末日安所在而非俠之雰氣所包圍也試一舍果而言因乎國家者食俠之德民族者庇俠之蔭社會者沐浴俠之恩膏冒險之軍人獻身之教宗革命之政黨疾風暴雨試大飛躍其目的異其俠性同暨乎舍因言果各論專名又困於獨頭政体壓迫之下而所謂俠者僅含有輕死蹈險鋤强抑弱敢爲其難自命國士否認於法律而被譽於論客之意味此東方之學說然也於是俠之名僅僅如一髮之繫而俠之組織無由成其所由成者習唯唯工儉詐而已民族萎靡厥故由是若夫新社會者則固人人視爲天職爲要道莫或推之莫或挽之而發於自覺者也有俠團以爲機制之用最盛者如西班牙綏維臘第二大會時綜十州團二百郡團六百三十二村團而爲一大組織俠風所布有銅山崩而洛鐘應之觀其次若莫斯料之亞鐸團意大利之洛爾諾團英倫之揩控變團紐約之烈克尼團棋布星羅勿勝覼縷其政廳與軍隊則**俠之特殊團也其市村之農民工民則俠之地方團也而司其樞軸者則中央團也**

訓練愈密機軸愈靈乃知迂緩游說而乏効力者敗運動躁率者敗散漫無統一者敗使番卒警士制之窮於術虐政嚴刑治之失其權若意若露若西班牙雌伏而雄視者甲他國焉盖以社會秩序之陵遲而俠風以熾俠風熾而社會始進於健康也又有民意赤十字社以爲援救之師其醵貲也以市義以成仁以臭味之契合而以之恤其身澤及其子孫自千八百八十一年成立以來若瑞西若法若英慈善之名嘖嘖道路以身徇俠者一以財徇俠者更無算也視君主之撫恤國殤其榮譽又有加也且有國際黨以爲外力之助重經驗不尙空言歷驗人情而施之精神上之感化各因己能而不拘職業上之勞逸爲教員可爲醫師可爲新聞記者可爲書估靴工鍛人及其他手工均無不可盖自千八百六十六年國際同盟樹幟後一則曰國際同胞再則曰各國同胞因已縮員輿於一室伸驥足於全歐僅閱七年渡大西洋植基紐約而梅洛斯重以稀世之才統歐美兩大陸而統一之斯非生民未有之奇烈耶用是七刺俄帝三殺大統領而奧后而伊王而西班牙首相有逆民意者即由民意征服之有殺民黨者即由民黨報復之自個人之俠而爲團体之俠惟有團体

之俠而愈見個人之俠以視我社會中鉏麑之觸樹豫讓之斬衣專諸之刼王荊軻之圖秦稜稜俠骨竟絕迹於秦漢以下二千餘年間其人治比例又若何也

夫自俠之主觀言之置身世之窮通形骸之美醜於度外而其品概獨高於精神界以名譽爲生死以節義爲進退者也反之則有如貌雄而雌飾者一利至而驚集一害至而鼠竄者自俠之客觀言之生理上被誅戮而心靈界獨支配人類於百世陣殁於政界而戰勝於文明界稱揚民政之舊國家史氏所謂立意較然不欺其志名垂後世非虛妄也反之則有如僕妾色狗馬行聞風而有餘臭者智已愚人詭辯以偸生者靡風所激寖成奴海人智幼穉尠不溺矣雖然東方學說有儒俠者孔曰殺身孟曰徇道此其教旨非可隱飾且墨子之徒七十田橫之士五百已開俠團之風焉若日本兵庫二十餘人割腹之烈卒使白人震慴自愧弗如其他大王寺畔芝泉岳寺畔萇血雖枯英魂未絕陶淵明詠俠客云其人雖已死千載有餘情斯固非移歐洲文明之花而植之東亞也以社會信用如是其篤渴望如是其深果其以强悍者仇敎之力而仇官果其以凍餓者自殺之忍而刄其毒我者使同歸於盡果其以

血腥之文字一變而爲示威運動恐怖主義果其以强猛之腕力一變而爲拳銃爲爆丸爲劇葯何功之勿遂何仇之勿復彼偉人如革拉喀斯豈僅羅馬之生兒耶彼女傑如伯爾達拿豈獨露西亞之特產耶斃一革拉喀斯而百革拉喀斯尙無恙囚一伯爾達拿而千伯爾達拿又踵起古之譽俠者曰愛妻子不如其愛社會今則巾幗亦英傑矣曰生王之頭不如死士之壟今則爲舊社會腐敗之維持即爲新社會永延之勝利而功蓋前人矣俠之學業愈高組織愈密奏效愈捷此論者所謂治汚吏無他長策使懸頭於市裂尸於途漬血於庭延刃於枕淫妾殲於牀弱子流乞於他鄉一省之中歲數見而革新之事業猶反手也

（未完）

社說

無端過去生中事
兜上朦朧業眼來
灯下髑髏誰一劍
尊前屍塚夢三槐
金裘噴血和文鬪
雲竹聞歌匝地哀
徐甲儻容心懺悔
願身成骨骨成灰

近時二大學說之評論（續第八期）

飛生

第二節之續

是故新民說者揆之理論而通合諸事實而違者也中國之亡其罪萬不能不歸之於政府國民之不責政府國民之罪也歸亡國之罪于國民而又勸其不責政府則又何說焉夫輕生死絕利祿以殉其己之所信是說也可以律傑出之士而不可以責一般社會者也在上者挾其利祿之途生死之權以操縱其下則亦上好善而民好善耳今新民氏之言曰『夫官吏之不肖政府之桎梏爲一國退化之重要根原亦何待言而謂舍此以外一無改革遂可以盡善盡美吾見其太早計矣』固也然吾必其謂官吏非不肖政府非腐敗夫然後羣俗乃可以改良乃可以求盡善盡美

若以今日之官吏政府任之而不革而乃欲望民間有所改革有所興起無論其無也即有之而獨不思彼政府者固日日以摧傷民氣爲第一政策乎刀鋸橫其後利祿誘其前蚩蚩之氓有何知焉此吾所以決其事之萬不可通而其說則爲倒果爲因而不疑也

論國家興亡之原而歸乎其民歸乎其民族之性質以斯言而教我國民則尤有不可不注意者一事焉吾國民者自古以不擔責任聞于天下者也當鼎革之時衰亂之際則悉歸其命于天故夫國之亡也則曰天實爲之我獨奈之胡哉是曰任天今將以興亡之故歸其命于人則國之亡也彼又得曰是蚩蚩者實自爲之吾獨奈之胡哉是曰任人夫任天與任人其理之是非勿容辨然其爲任則一也且吾恐不肖者且將引此言以爲卸過之地以爲中國之存亡非吾一人之責而一二賢者習聞此說則覩此蚩蚩擾擾者冥焉若遊夢教之而無術呼之而不醒夫以愚蠢如我民而教之無術呼之不醒則焉有不傷其銳氣而爲之心灰焉哉嗚呼立說一不愼而層層誤解且即從此而生後有作者其亦聞此言而三思焉

第三節　立憲說之評論

怪哉今日之所爲立憲說也夫立憲則立憲耳而又不敢打破局面必曰和平而後可濟事則何也和平則和平耳而又不致爽快直捷必欲運動政府而後可得者則又何也并此奇奇怪怪不可思議之數思想而總戴一旂幟曰立憲于是詈之者則曰是輩實欲做官而已矣駁之者則曰以變法讓權之大典責諸不同感情歷史之異族是實夢囈耳夫茲數說者皆所爲反對立憲說者也其持之亦有故其言之則成理雖然吾則以爲是說也皆未足以服其心者也何則非立憲者據空理以立言若曰中國者中國人之中國也果爲中國人之中國立憲可專制亦未嘗不可如今日之中國而立憲乎則我亦猶是奴也於我乎何有立憲者據勢以立言若曰今日之所患者白種也彼白種之勢力既日膨脹一旦內亂起是以速外人之來耳故不如不打破局面而使政府變法之爲愈也夫據理與據勢則兩者各有壁壘各有矛戈以相抗也待此種議論爭辨至極點則我中國已不知何處去了若夫做官之說則吾今日又不敢横執是說以詈人吾今日者平其心靜其氣就實事不就空論就

勢不就理以與諸公論立憲則分其節爲三曰、中國之存亡其果在立憲不立憲乎曰、今日之政府其果能立憲乎曰、立憲即可以求和平乎夫原立憲說者萬不得已之苦衷則亦曰求和平而不打破局面已耳則論事至和平一點其亦可以爲終結點矣

環地球上憲法成立之國無不强固也雖然問其何自而得之則曰、有自破壞而得之者有自和平而得之者破壞者旣勿言矣其自和平而得之者曰英曰日夫英之不能學也亦旣知之矣則宜莫如日說者見日人憲法成立之歷史與夫成立後國勢之强盛也則亦從而豔羡之而欲移之於今日之中國嗚呼此立憲說者根本的謬誤也獨不思憲法未成以前之日本亦猶是今日之中國昏昏在睡夢中乎當夫慶應之末明治之初一二志士前仆後起相與建革政之功者此其人爲何如人此其事爲何如事乎豈以庚子以後之數道上諭遂可肩之以大政維新乎先輩未見有西鄉隆盛而今日之志士乃欲做伊藤博文乎改革之緒有先後有次序勿可越尺寸也故必先造新政府然後可以行新制度斷未有求舊政府而可以立新制度

者也夫一國存亡之源則視其自覺心而已有自覺心者則其心向上有希望有進取不然者其心向下主因循主退縮以數千年因循之古國而欲振起其自覺心則宜莫如使之耳目一新譬之是猶人也憲法參苓也今日之中國睡兒也兒未醒孰從而飲食之明治初年之日本醒兒也故能食今日之中國睡兒也夫未有酣睡之國而能立于大地者也則亦醒之而已矣不此之務吾未見其能濟也

假而曰日本之興必在憲法中國現狀必不可打破立憲一策必可以救中國則吾請更進一問題曰今日之政府其果能立憲乎夫政府今日其所以寧斷送此四萬萬財產性命于異族者果何爲乎夫亦曰保穩其幾隻飯盌頭耳此四萬萬之性命財產與此幾隻飯盌頭相碰乃以成今日之現勢其勢之不能兩立蓋可知也今日之欲以和平改革語政府也若曰造反彼之所懼也吾不可以此言驚之使却走吁嗟乎愚哉其不知政府之眞相也彼政府者又烏知有所謂和平有所謂激烈若曰有一物焉足以倒我之飯盌頭者必出死力以拒之拒之有其辭則曰叛逆叛逆者何倒飯盌頭者是也豈有定名哉假使謂之曰有官把汝做有錢把汝用則又世祖

章皇帝矣而獨不見夫戊戌之變乎其名則曰變法也而殺之殺之爲其不利於己也而獨不見夫庚子之變乎其名則曰保皇也而殺之殺之爲其不利于已也夫變法也保皇也豈不和平也哉而拒之若此今之言立憲以爲我之說較革命造反爲和平而可以此動政府也其亦知政府眼光中又烏有所謂立憲革命者乎要之此四萬萬之性命財產不去則此幾隻飯盌頭不保如眞欲救中國而求立憲乎則政府視之亦叛逆也如曰欲做官乎則吾又何說之辭

假而曰政府必能立憲政府而不能則我將運動國民以要求之噫休矣若是言立憲則立憲耳又何必借和平之旂幟以爲幛也而獨不見夫法蘭西乎大革命以前何嘗無議會而議會適以爲大革命之媒故論和平不和平亦視其國之內容何如耳以今日小民生計之困難政府財政之紊亂而又種族之戚深入人心不許人以言論自由則已耳苟許之又何能止之如是而一而二而三未有不釀大亂者也是故立憲者大革命之媒也世之求和平而反釀亂者未有不如是者也夫日本昔日爲爭權也故詔勅一下而即平蓋亦歷史之故而時機之得也今日中國歷史又不

同而其民既爭權尤須爭命予其權而不救其命此大革命之所由來也且即言曰本公等亦聞江藤新平之事乎和平何有焉和平何有焉立憲說者乎其能解此三問題也則吾亦降心而隨諸公之後如其不然則請有以語我來

抑吾尤有進者凡英雄之能成大事也其走路必直線不走圈線必走一條必不走第二條光明其宗旨願者來不願者去事成乎則萬人拜之馨香祝之不成乎則墓木繞之秋蟲鳴之其爲事也如博然一擲則中不着則已者也是故其精神則快樂也其心腸則鐵石也其成功則久遠也而不然者屈曲其言論曖昧其宗旨汲汲乎欲自用其才其學以望人之信我則所謂屈心以運動人未有不爲人所運動者也夫我不敢詈人吾以爲諸君者皆有心于國事者也特不知今日政府之爲何如眞相而又懾于外力不敢打破局面以圖將來耳若曰將以求利祿也則吾敢決曰三年以後必無立憲之聲矣而吾又何爲嘵嘵哉

第四節　結論

吾作是吾未竟也吾之友汗且喘以走告我曰俄人占領奉天而英而德而日而法。

乃據俄人之故策以爲請瓜分之局定矣而子猶以文字爭其可已矣夫其可巳矣夫余聞之神色雖不動而其心猶上下顫動其未已也嗚呼此數千年之古國乎爾終往矣吾復何言吾亦將隨爾以往耳夫事雖不實權苟操諸人今日明日吾又何能料也嗚呼蚩蚩之氓既不知亡國之慘而所謂有志者又迂緩寡斷不肯出萬死不顧一生之計而必待事之臨頭而始喟然悟嗚呼此中國所以終亡也夫此中國所以終亡也夫

（完結）

學術

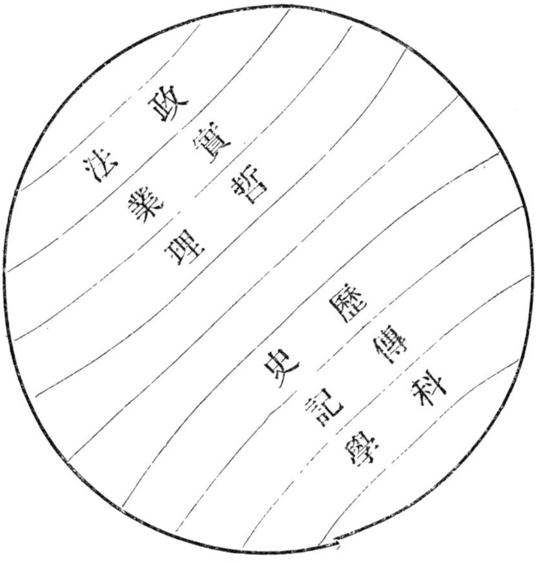
政法
實業
哲理
歷史
傳記
科學

游學譯編

第十二期

癸卯九月十五日發行

價銀（半年六冊八角五分　全年十二冊一元六角　零售每冊一角五分）郵稅酌加

圖畫◎壬寅冬孟同鄉會撮影○○癸卯春季同鄉會撮影○○癸卯秋季同鄉會撮影

社說◎湖南自治論

軍事◎二十世紀之軍事問題

實業◎日清銀行設立之運動

外交◎續滿洲問題（續）

歷史◎十九世紀歐羅巴歷史之壯觀

地理◎地相測算沿革談（續）

時評◎游歷官之愛國淚○增祺之結果○王文韶亦免官乎○鐵良誤矣○諸君見約束學生條約否

小說◎黃人世界（續）

餘錄◎遊臺紀略

附錄◎湖南同鄉留學日本題名補錄

謹告代派處及閱者

本編自去歲創辦以來爲海內外同志所謬許期年之間銷行頗鉅惟同人等以學課餘暇組織成章文多蕪雜深自負疚今屆第十二期特大加增刊較前約逾一倍文之優劣閱者自有定評同人等以前者體例多未完善印刷亦須改良擬暫停數月一俟議有頭緒即行續刊屆時再當奉告又上海湖南各代派所及各分派所辱承　厚愛經理年餘無任感荷所有各項帳目多未清理本社以年終須一律結算務望各代派諸公趕速清算將所存各款滙寄本社不勝盼禱之至

總發行所

日本東京神田駿河臺鈴木町十八番地　支那留學生會館

上海棋盤街　明權社

每月一回

陰歷望日發行

政法

國際法上之新國家觀

獨頭

第一章 緒論

曠觀今日中國外交之大勢曰永遠租借曰保護國曰勢力範圍曰鐵道敷設權曰不讓他國條約皆所以實行吞倂之政策者也當此寔行吞倂之際苟中國有自謀恢復者起關列國之均勢必大受影響列國之所以控制我者如何所以干涉我者

如何所謂羅者得鷸漁者得蚌苟有所取豈容見赦哉故有心人一念及此莫不嗒然失色曰脫內部之羈絆易避外人之干涉難然則如之何余則曰亦視我國民內部之寔力如何耳試觀歐洲之新獨立國其國民當時所處之地位亦何獨不然當十八世紀歐洲列國之外交爲君主外交蓋以國家爲君主一己之私有物凡割讓土地亦視爲君主之贈與品國民不得而干涉之故甲國欲致乙國之死命惟以籠絡君主利用政府爲最巧妙之政策焉降至十九世紀各國人民不堪其痛苦遂昌言國民外交以國家非君主之私有國政非君主之私事君主苟褻代表國家之資格國民得起而顚覆之改造之君主締結之條約亦得殲毀而消滅之是說既昌而利用君主外交之他國見破其固有之政策亦何嘗不極力反對甘言以誘暴動國之政府使之引虎自衞無如國民之力量充足手腕敏捷或以理喻或以力爭使他國無所藉口而他國瞰其勢力不易降服亦不得不承認其獨立是雖失墜其已成之狡猾的政略亦事之無可如何者也證諸各國外交史而昭然可攷者矣吾故曰干涉不足懼所可懼者無對付干涉之寔力耳苟有寔力則歐洲國民獨立之雄

劇亦不難復演于今日之外交舞台如日暴動適足以引外人之干涉啓瓜分之機會是局於一隅之言耳是無界說之言耳余不敢附和因述國際法上關建立新國之原則以供有志者之參攷焉

第二章　交戰團體之承認 Recogntion of Belligerency

交戰團體云者無國家資格之團體而得行使國際法上之權利是也詳言之雖未派遣公使締結條約認爲獨立之國家其對母國之叛亂行爲得視爲國際法上國與國之戰爭行爲是也按國際法原則欲樹立新國家必先獲此種權利欲獲此種權利必先獲母國或第三國之認可而後可雖然承認不易言蓋反亂者以顚覆母國爲目的而母國仇視之鎭壓之以征服流寇之手段待遇之其交戰行爲何得繩以國際公法爲平等之待遇乎故母國之承認必較第三國之承認爲遲雖然有時恐反亂者之報復出于不得已而爲默示之承認者有之如一八六二年南北戰爭是也時南軍政府宣言曰『北軍捕獲我艦水兵苟加以處置海賊之重刑我軍亦必施報復之擧動』於是兩軍之捕虜悉照戰時國際公法設置捕虜交換船交換

両方之捕獲者是即爲默示承認之寔例也亦有因對於他國欲不負其責任而爲默示之承認者有之蓋交戰團體未承認之先叛亂者爲母國臣民其臣民之對於他國苟加侵害之行爲母國不可不負賠償之責任設至鎭壓愈難責任日重勢不能盡國際之義務不得不任他國與叛亂者爲直接之交涉是亦不得已而爲默示之承認者也若第三國之承認亦甚鄭重如一八九一年智利國之反亂者欲得美國之承認海軍少將火查姆極力要求而美國不許又一八九三年比利士國之反亂者亦極力要求美國之承認而美國拒絕之然則承認之不能輕易許諾者可知矣蓋第三國苟爲不合法的承認己國既不能享受利益而反與被承認者之母國爲敵故不得不執愼重之態度亦事理之當然也如一七七八年法國與北美殖民地之暴動者締結條約而與英國起釁一七八〇年荷蘭與北美議會之代表者結秘密條約一旦宣露亦與英國開戰是即爲不合法的承認故也蓋一國內亂他國既不能協助內亂國之政府代事鎭壓又不能妥護內亂國之叛黨助張勢燄然第三國所以有承認之權利者亦國際自衛之道耳其對於兩者本不能有私意存於

其間也試翻國際法歷史陸上交戰之承認爲少海上交戰之承認爲多何則因陸上之利害關係惟境域連接之鄰國始受其影響而海上與他國之通商互市有最密切最複雜之利害關係當內亂國之政府內既無蕩平之力外又無保護之方不得不與叛亂者爲直接之談判是即自衛之必要者也故自形式上視之關承認之點叛亂者享受之權利似覺獨厚抑知有權利必有義務苟能具備克盡義務之要素不待叛亂者之要求第三國有不得不承認之勢克盡義務之要素者何（一）有組織完備之政府（二）據有一定之土地（三）具備關交戰之規則及機關是也此三者完備對內之團體自固對外之信用自厚而交戰主體之權能始獲得矣其權能之主要者列舉如左

一對承認國得爲無形式之外交無形式之外交者雖不能派遣公使立有形之外交機關而實際上之外交談判與獨立國無異

二其占據之港灣對承認國之進口船舶得付特許狀出口船舶得付出港證劵又得課稅

三在公海之承認國船舶有命其停泊檢查之權

四承認國船舶如有搭載禁止品及非中立之行爲均有拿捕之權

五得行封鎖之權

六得設立捕獲審檢所

七承認國有違背中立義務之行爲得要求損害之賠償

以上七項爲承認後獲得之權利而被承認者亦有當盡之義務此義務無明示之條件要而論之以不侵害承認國之權利爲最當注意之要點被承認者得此權利後苟能維持之充寔之然後承認新國家其庶幾乎不然者根據無定資格難得烏合之衆終歸滅亡而已矣故交戰團體之承認爲承認新國家必經之階級亦爲建立新國家必要之關鍵也

（未完）

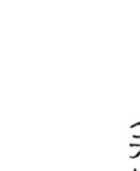

植物與人生之關係

黃孫

緒論

大地茫茫動物無量植物無量卄物無量有人類居於其中鞭箠而利用之吸其膏血以自肥吮其精華以自足自太古以至今日其所費無機有機諸物蓋不知其幾許矣曾有人計及人達五十之齡須費穀食七萬九千磅肉食一萬六千磅菓蔬及魚卵四千磅飲料七千加侖嗟乎此特其所食之一分耳若夫衣之住之以之爲用稽其所費雖巧歷不能計若推而至於人類遠而及于祖先有若恆河之沙太平洋之水不可思議人類之爲物固費無量物質以鑄成之者也唯然而吾人放眼物界細察其與吾人相交涉之孔道乃不容已茲特就植物之一部分約畧言之

第一節　植物與人生

人類利用之植物自植物全界觀之不過一小分而已然就因以生活之人類觀之稽其利用物之數量其關係之大要堪驚異人類寔以植物中穀物蔬物爲主食之動物也其生活上之資料不特有賴於植物兼有賴于動物而動物又與人同食植物而生者也旣直接而食植物又間接而食食植物之動物人類之於植物被澤厚矣

凡此關係皆一見可知不煩細說所當攷者植物以如何之作用而生此重大之影響則可一言以蔽之曰以天然力取空中土中諸物質而製造之變成人間需要品以供之人身也植物自地中採取諸無機有機物自空中吸取炭酸瓦斯而此炭酸瓦斯因太陽光線與葉中綠細胞之作用分酸素炭素爲二而排出酸素于外即人類及他動物必不可缺之酸素(舊稱養氣)是也其殘餘之炭素與他採取物化合成有機化合物即人類衣食住所必需之纖維木質素澱粉糖素樹脂蛋白素護謨素等是也此各各物在植物體中之分量因種別而各異有以澱粉及蛋白素糖素

爲主者以供人食而貯藏者也有以纖維及纖維化合物樹脂爲主者以供人用而貯藏者也前者爲培栽植物人類祖先早已發見而利用之栽培之故自平原而求沃野後者爲森林植物任其自生自長不加移植今日尙在叢巖深谷間其關係于人要無軒輕

第二節　栽培植物之効益

栽培植物中於人類有大益者不過數十種比之全界少之又少矣然吾祖先能發見是栽培是蓋不知費如許之歲月積如許之經驗而始有今日今日者家家食粟處處衣錦矣然溯厥淵源爾小子其毋忘乃祖之勳

一食料植物　農產物中被人類發見最早者即食料植物是也即其自然之狀態以爲人類生存之基礎其供人食也或以穀種或以果實或以蓏果或以根葉莖塊各以特殊之成分供人間繁賾之用農學者區別之爲穀種蔬菜果樹三種今舉其要者於後。

穀物類　稻大麥小麥稷粟黍玉蜀黍大豆小豆豌豆蕎麥等

蔬菜類　菜葱蒜芋山芋蘿蔔南瓜胡瓜絲瓜花生等

果樹類　梨蘋果橘橙桃梅李杏葡萄等

二工藝植物　植物之始供人用也僅以自然之狀態而爲人生所不可缺者自人智開發知變其自然之狀態而利用之積智愈深則變之之法愈巧而制用之塗亦愈宏農家栽培之以供此被變之原料即工藝植物是也今就其用途之區別爲分類而舉其要者于後。

纖維料　楮棉痲絲瓜等

採油料　芝痲桐子棉子菜子花生等

採糖料　甘蔗麥等

採染塗料　藍山藍紅花漆等

藥及香料　人參朮薄荷茶煙艸芝痲等

釀造料　大麥糯米等

以上各種或爲天然物或須經人爲物皆吾人一日不可缺者也人一日不食則飢

一冬無衣則寒而衣之食之無不有賴于植物其關係之大爲何如茲更就最要之栽培植物細攷察之於右

●稻　稻有各種大別爲粳糯二者粳爲人常食之米其外皮之部含蛋白質(即窒素分)近世之習慣則以爲糠而除去之成白米其全部之成分殆皆爲澱粉質矣糯富于粘着性若非有多量之蛋白質應不至此人不以爲食米而以之釀酒紹興酒皆此米所釀者也據去年酒捐報告滿四十圓墨銀其銷塲之廣南至越南北至蒙古東至日本無不流行西人亦有嗜之者吾聞人言紹與酒有三德也臭香一也味甘二也而性又溫和食多不至傷腦三也以此故外人多有嗜之者倘美其裝潢運至歐美吾意必可與葡萄皮露同稱于世界此吾浙江之富源也願告來者起而爲之稻之有用不特其種實已也其附屬之藁亦有大用可以束綯、織席、結繩、蓋屋、製艸履、充燃料西人有用以造紙者其需要可知矣其主要產地在亞細亞之南東海之岸一種定期風之範圍內蓋爲熱帶多溼地之特產物在熱帶及半熱帶地方一年獲兩次之豐收以移植之故其性質漸變今亦產于溫帶多溼地我國大江南北皆產米區域黃河以北以溫溼不充之故其收獲量漸覺減少然亦有種者蓋中國本部無處不產之者特產額有多寡而已自食之餘又以輸出據日本明治三十二年稅册自支那輸入米共六〇、三二二担價九六七、二一六圓大利所在願我民好自爲之

麥　有大麥小麥等種種多產于北方南方稍有產者不及北方之多因南方以米爲主食而北方以麥爲主食故也其用甚廣不特麵餛飩全爲麥食又配置大豆而釀醬酒混和糯粉而爲茶食農民有合糯米或山芋而炊麥飯者蓋北方之窮民多如此也麥爲溫和地之天產物然比之於稻能耐較低溫度且不須多量之水而多溼反能害其發育麥之栽種處寔以溫帶而乾燥地爲最宜歐洲產麥北限大麥北緯七十度達白海及那威之北地小麥夏種北緯六十七度冬種北緯六十三度達那威沿海此限由東漸而下降亞西亞及北亞美利加之東岸大麥不出北緯五十度以上小麥不出北緯四十五度以上中國本部皆在此界限內寔無一處不可以藝麥也而今自北美輸入之麥粉日盛庚子以來盛用洋粉

問其所自盖皆自美洲來也豈不重可慨哉

豆　大豆爲製漿油燃油食油及豆腐之原料其品質劣者可爲肥料製油之渣滓亦可爲肥料即豆餅是小豆用以製茶食及日常食品我國產此最多者爲滿洲由營口輸出各處分大豆豆餅豆油三種查乙亥年自營口輸出大豆共四二二〇九六三担豆餅共三六九五八二一担豆油共一〇八三二三担其中輸之日本者大豆共一九九九八三二担價五九〇四五八四圓豆餅共二〇九八二五八担價四六一〇六二五圓我國輸入日本品物以豆居第一位而今則產豆之大農塲已爲斯拉夫人所攘奪矣大好田園已非我有我同胞其亦念及否」

甘蔗　甘蔗者糖類重要之原料也其成育時須高温度不然不能生長糖分彼菲立賓羣島西印度羣島等熱帶地方寔甘蔗之元產地也西國中央歐羅巴盛栽培之我國福建一帶多有產者臺灣一帶此物盛生今則已矣早爲日人所攘奪彼得此後盛奬糖業今日稽其產額已上十七億五千萬斤爲出產之大宗回觀我國反賴外國輸入之糖稽前年稅冊輸入糖額蓋二百六十三萬四千餘擔

我國民不願自食其田園之所產願以田園贈之他人而購買其所產物以為食吾不知其何心矣

茶　茶之主要生產地在亞西亞東部及南部即支那印度之阿塞讓舍倫及日日以潤溼而溫煖之地為最適我國產茶素盛自與西人通易以來以此與絲為輸出品之大宗而至近十年來大衰有內外之二因在外因則以各國茶出而與中國茶競內固則不忍言矣吾聞距今十餘年前有奸商雜以偽物運至歐州信用大失自此以後逐年衰退去年以茶市衰頹府政開輸出減半稅之特典奬勵茶業稍盛今年又較去年為佳而奸商又雜以偽物則其衰又可翹足而待嗟中國之泡製之法素未改良已不能與外國茶競矣而又一偽再偽務使信用盡失銷路盡失絕吾人之生計而後已人心敗壞至于如此欲中國之不陸沈焉得乎吾言及此吾不知涕之何從矣

棉　木棉宜於乾燥而有高溫地之植物也世界主要產地在東南亞西亞埃及北美合衆國產于中國者以江浙二省為多查己亥年輸出外國者共值二九

八〇三七三圓。然吾聞中國所產棉纖維太短非雜以北美印度棉則紡織較難而北美印度棉雜以中國棉則宜於色染未知此言果然乎否也棉之利用尚有在者爲其種實以之製油其需用亦繁若以以製紙則西國有爲之者吾中國恐尙不克達此域。

痲　痲之爲物除砂土不能耕植外無不產之亞洲自西伯里亞至印度無處不生中國所產甚多然以四川湖北陝西爲最福建次之其痲分精粗二種。精者輸入廣東潮州福建泉州等處織布即吾人所服之夏布是也粗者以爲痲布、痲袋、痲包、痲繩、等物。輸之外國者。前年約一七四六四四四斤。

桑　桑之爲用首在飼蠶蠶一日無桑則殭其業之盛衰專視桑之豐歉亦有飼以他葉者然出絲不及桑遠甚其重要直駕棉痲諸植物而上之我國輸出物以絲爲首而絲之爲物非桑不成出絲愈富需桑愈多近年以絲貴之故養蠶家日盛而桑園亦日闢浙江杭嘉湖一帶幾乎遍地桑園浙東栽者亦較多然以栽培之法素不改良其收獲無能溢於所期量倘有以改良而進步之其被良影響於

蠶業可預卜也其爲物宜於溫煖而潤溼地我國江浙一帶適最適于栽桑之地也

烟　烟爲熱帶及半熱帶之特產物其品質自溫度之減從而減少我國產者以四川湖北湖南河南安徽爲盛而烟市皆集于漢口由漢口輸入各省入福建而製皮絲入山陝而製靑條碧綠入江西廣東而製漢絲入浙江而製元奇朝煙再行銷于外處他處亦有產者然不若前舉外處之多而良好滿洲一帶產額亦盛北五省所吸之煙大半滿洲產也輸入外國者英爲首日次之以之製紙煙仍輸入我國我國近五年來紙煙銷數頓爾增加學子之讀旁行登學堂者幾至無不嗜紙烟尙日增月盛則其銷費國財亦第二之鴉片也故有以救之宜莫如設廠自製自製有數利也塞漏巵一也增國庫二也使勞働者有生計可謀三也而中國煙草既富煙稅又薄有此五者於國於己無不有利有心之實業家盍勿起而爲之

果屬　果物之需溫度隨種類而異橘類需高溫而蘋果耐低溫我國氣候包寒

温熱三帶而有之各隨土宜而繁植產果之多難以數計就中以南之閩北之直爲最盛閩之茘枝龍眼橘柚直之梨蘋果葡萄實最良好之果物也倘知貯藏之法輸出遠方必獲大利而爲國產之大宗吾聞歐人嗜果物然其地所產無以充其求必仰異地之供給日人廉得其情大獎果業薩摩之橙紀州之橘捆載而去頓獲大利我國倘能倣之獲利必將無算吾聞德人在山東開一製果廠以廉價收各種果物運至歐美嗟乎大利所在吾國人熟視無睹必待他族起而爲之始悔從前之不出于此也抑亦晚矣

第三節　森林植物之効益

一　直接之効益

吾人不必高瞻遠矚即對此數尺庭除夏以避暑冬以驅寒風雨無以張其威霜雪無以施其虐吾倦而思臥有牀以安吾魂吾疲而思坐有几以支吾體吾樂而思遊有車以代吾步有梁以代吾涉已使吾感感而不能已嗟乎藉無森林植物何以至此

此特就至淺近者言之而已若就大者言之則十九世紀之文明亦大半藉手於森林植物近人所誇十九世紀文明國大利器非銕與石炭乎銕非石炭不能得則石炭尚矣然石炭果何物何物所化中藏何質則吾又不能不舉此森林植物太古森林逢大氣之壓力歲久年淹化爲槁石深埋地底溯石炭之原形而知森林之効益大矣然其特就古代森林有効于文明者言之若就今時森林有効于文明者言之則彼電信之傳幹銕道之枕木卄穴之柱木何一非取之於森林今者乘文明之潮流種種新需用源源而來幾有供不劑求之勢世界唯一材木庫坎拿大之森木有人計及不五十年必就伐盡蓋森林植物之需用其數竟不可以道里計矣玆姑不計其需用之量而察其用之之方

有不變其形質而用之者如建屋駕橋傳電信枕銕道製種種器具是也有變其形質而用之者以近世科學之發明其途大廣可首屈一指者爲製紙入西國圖書之館典册高文琳瑯萬卷信美且多矣而不知皆爲深山窮谷蒼蒼者所形成森林最發達者唯德有六十餘家之大織維製造所投二千萬圓之資本役八千人之雇工

用直徑五寸以下三百餘萬株之樅檜製造三億萬斤之纖維以製紙即區區三島之日本紙業亦十分發達得駿遠廣大之深林以應富士製紙所之用今則其紙駸駸乎渡黃海而達中國海上新書坊不下數十家試就架上觀之紅黃黑白不名一色細察其製此書之紙皆日本產也吾念至此吾悲故鄉吾浙東多竹林農民多製紙者然所製紙黃於塞草粗似泥砂以爲紙錢之原料輸之各省使混沌鄉中人耗其精力爲求媚於神之物嗟乎使此竹林置諸日耳曼之野富士山之濱居其旁者吾不知其增如何之國富闢如何之利源而乃童昏不知爲此惡品以增人之迷夢他人得之利國利民智者益增其智吾人得之害人害己愚者益使之愚而有心者欲從事印刷事業反不得不用異邦之輸入品吾念及此吾淚浪浪矣吾又聞吾浙竹林纖維甚多用新法以製之粗者使之精黃者使之白實莫大之利源同胞同胞起而爲之以淑吾生若再舍此不顧恐異族將代我而爲以斷吾吭而絕吾喉矣

（未完）

斯賓塞快樂派倫理學說

喋血生

叙論

何謂最大多數之最大幸福驟讀之蒙被幾晝夜未獲解釋乃搜之於東西哲儒學說頓悟最大多數之最大幸福數字即快樂的廣義也然則快樂二字不是天造不是地設而偏具有轉移世界操縱生物極大之能力故欲建設國家必認快樂爲第一原素反是爲懊惱相爲恐怖相爲悲歎憤怒猙獰相索然無感情的地球未裂生物界可以從此先滅吾是以願人類有阿賴憶識時（阿賴憶識强譯之爲性靈據佛說阿賴憶識來是男女交媾時而去是圓寂之最後）先含有一種快樂性

佛坐菩提樹下說法擇有歡喜相者許以得成正果英儒邊沁曰使人增長幸福者爲之善使人減障幸福者爲之惡社會學家培刺米氏何必日藉傳聲器以遍佈美

妙音樂慰勞國民要之一切因緣由有情以生一切願力由有情以造爲快樂觀念無志气無快樂觀念無希望無快樂觀念無競爭無快樂觀念無種性無快樂觀念無所謂事業無所謂生育無所謂冒險勇進痲木不仁較蠉飛蠕動其不若矣然則快樂云者不是慾情的是精神的包含靡垓一二語不足以釋其義吾强爲括之曰天機活潑神彩飛揚使不生之生而現於有生之生使無相之相而現於有相之相驅除太息病鼓吹入世精神其强有力焉

言至此吾忽覺怦然心動肅然身戰而爲吾四萬萬同胞懼也何以故吾四萬萬同胞無老無少無壯無幼無男無女無貴無賤是胎生至於涅槃無一人得未曾有歡喜相不陷於悲觀的即陷于厭世的沉沉長睡如豕戀笠於是他族異種遂挾之爲玩弄物以增長其快樂而自號先覺之士更從而唾罵之恐嚇之使其於邑之氣愈阻愈塞倀々何之茫所端緒嗚呼慘矣夫一切衆生苦即是我苦苦一切衆生甯使苦我今願改絃易轍使吾同胞捨棄煩惱以搏獅搏兎之能力求快樂以踐人生究竟目的庶乎發揚之氣遍國土而陽九之運乃轉機矣

雖然聚東西哲儒縱談快樂派學說者奚啻計百萬言不失之太過即失之不及求其趣味盎然規則井如者莫如斯賓塞氏快樂派倫理學說然則斯氏之所謂以倫理發闡快樂意義者厥以道德規律及進化公理爲中心點而統系之以萬有科學故譯言爲『絕對的倫理』是稱古今學界析疑巨子而豫爲世界建設一『愛的』理想社會爰爲述錄以供獻吾同胞之前。

快樂與進化並行之眞理

斯氏學說以社會全体之最大快樂爲人生究竟目的無異於邊氏唯獨據快樂與進化兩說相繫並行而以科學的公式演倫理實例使邊氏思慮（盡爲人的義務）忠直（毋毀傷他人之幸福）慈悲（心平增進化人之幸福）三解竟得受持而不爲後世詬病矣。

斯氏嘗曰世間萬有現象不過一『普遍法的形質』而一支一體別有原則以貫通其中所謂原則者無他是現世界由同質進於異質疑惑進於解析否定進於肯定單純進於複雜所經過之一程耳今日眼簾所接一花一草一事一物必經過原始

時代單純幼穉之狀態而來例如人類棲息之地球初不過一同質混沌之大物塊今且分爲山河海陸有氣候之差別地層之變化岩石礦脉之生長漸至發育胎卵濕化無量因緣不可思議羅列古今科學大家不能剖明其萬一僅得各相驚駭其一般複雜現象而已雖然動植物界之差人類文野之別總之增一分複雜即增一分進化愈進化而去單純之境愈遠惟其研究之法各分界線植物不可以例動物動物不可以例人類追其結果則多含一分快樂性者而其進化愈速一步於是有所謂『行爲科學的法則』乃出現

欲研究倫理的究竟問題不可不以『普遍的行爲』作研究範圍夫普遍的行爲是最次序的也例如上至人類下至微虫無可越階級而紊行音苐蘇亞游行水涯(水棲滴虫類)似無規律然以顯微鏡窺之見其細鬚舒卷能捕微虫之微虫以自衛生活針毛雙足蠢然不識春秋然而營巢哺食育雛温卵兢兢焉能保存其種類於生物界文明人種遞增一分子野蠻人種遂減一分子故行爲之進化與種族之保存相結而不可解歷刼層巖始達極頂雖輕氣球之速力必自下而漸上越俎而謀未

有不鄰於危險者今請以各種科學之方面而爲一比例的公式

(一)觀察於物理學的夫四肢百骸與夫發音機關凡百運動屬諸高等生物者必有一層定着(Coherent) 如輪旋轉如花華實如動物晝行夜息皆屬於普遍的行爲中最所顯著者也然則人類行爲中所稱定着一點莫過乎道德夫富有道德之人其所思也定其所處也安其所遇也緻密其所行也確信能溶解內心外界二方面原義務持平衡故其行爲雖較否道德之人爲複雜而其快樂必較否道德之人爲充滿例如否道德之人必多太過不及之妄行而罹非分之累贅有道德之人則應分動作我身如我心我身無罣礙衆生如我身衆生無罣礙水乳交融是謂進化圓滿之時期而理想社會即可以見之實行矣

(二)觀察於生物學的生物學的定着即以減殺生活力爲最大障礙增長生活力爲最要機能故生物學理中即含有一種無形道德性行動是非無不持之爲唯一標準例如精力豐富覺有一種勞働之快樂財產豐富覺有一種佈施之快樂而道德豐富則行爲中有形無形之快樂如水彙海源源而至矣故生物學的定着上曰好

生其次厚生善行之士可以例矣

(三)由心理學的方面而研究道德的行爲則先解釋直接與間接之感情爲主斯氏嘗曰欲分析人類意識以觀適應作用如何則先考究人心作用如何夫人心作用(一)形動機於感情(二)動機所基原於觀念惟原始時期人類感情全在直接的至智識日進則去直接性愈遠而純變爲間接的例如聲聞凡夫每易迷於眼前苦樂之境而智識之士則離肉慾而爲想念故用思慮愈甚則計較未來愈密而自然成爲複雜且間接的

(四)以社會學的方面而觀察行爲之良否是最完全點也據社會學家言以眞善美三字爲最大要素惟進化之初但計及於保全個人幸福而未及保全社會全體幸福不知保全社會則重於保全個人而社會競爭又在隨進化勢力以起于無形愈進化之世社會之競爭愈烈有人類必有對待之名稱是有對待之義意則有愛汝者必有憎汝者此競爭僅起於感情是社會複雜時期則此方有軍事組織他方乃有實業制度於是競爭復起於現象然則社會主義者愈競爭而愈圓合惟所必需

者爲『義務的助力』故個人以能維持生活爲多量利益快樂而人人能維持社會生活則其利益快樂更什百倍蓰焉爲人者眞能爲我故以社會學的方面而觀察人類行爲則以仁慈與正義爲結果

上論皆斯氏置倫理基礎於科學範圍內之概畧也夫斯氏絕對的倫理學說使快樂與進化維繫之義如形影相隨爲人類鼓鑄相資相補之性質使不悖於社會的生活例如慈母之愛穉子穉子之戀慈母美術詩畫音樂家所執皆爲直接自家快樂事業然能以直接生間接使他人受其感觸者增進快樂故進化圓滿時期凡屬社會生活事々物々皆得『雙方快樂』之趣味吾願擺脫罣礙之分子矛盾之分子不調和之分子而與同胞翹首待之

（未完）

學術

十九世紀時歐西之泰東思想

无朕

世界文明之源泉濫觴於第一高原帕米爾畫而成二分瀉東西其西向者自巴比倫奔豗於猶太之野流埃及經小亞細亞注希臘入羅馬遞羅馬亾乃滔々然瀰漫於歐羅巴全土泛濫而濡美利堅其東向者北下以溉我支那洗高句驪餘沫尙噴薄於極東之蜻蜓國猗歟盛矣所憾者航海之術猶在襁褓刳木剡木之智未足勝猖狂之天行而東西文明乃各育于自然爲離索之發達四回物類之狀態結爲頑影徘徊跳躍戹其天才嗚呼勒摩丁之哲言寧欺我哉

今試披坤輿之圖縱覽亞歐考覈其文明之趣向歟則亞州大陸中逶迤于南北者阿爾泰天山之縱脉也負雲戴雪與印度北疆成直角者喜馬拉牙山之東西橫脉

也其他則極目萬里惟見烟雲平原膴膴上匝天末殆無天然屏障排列其間故育成發達之文明其趣向非分而爲統一者爲求心者故爲專制者故爲天才者故爲縯繹者從而爲自然者爲具象者爲標彰者從而爲感情者爲詩詞者爲神韵者從而爲神祕者爲心靈者爲無形者從而爲靜止者爲回顧者爲保守者從而爲尊親者爲國家者西歐大陸則不然毘利尼亞爾賓愛勃垠諸山脈參差代雄畫地爲畍故育成發達之文明其特色非統一而爲分離者爲分析者爲遠心者故爲自主者故爲個人者故爲歸納者爲論理者爲系統者從而爲智識者從而爲器械者爲數學者從而爲人爲者從而爲懷疑者爲有形者從而爲散文者爲世俗者爲進步者東西兩大陸之文明差異如是而其根本則實爲哲學若宗教若科學若政治若美術各就境遇異其趨向由萌以壯面目逈殊葢自故鄉帕米爾高原分袂以來海角天涯可望而不可即相忘者殆五千有餘載矣

一四九七年白哥德格麥週航好望角發見航行印度之捷徑而東西兩地得相見期競拭碧瞳引領東注逮十六世紀馬各波羅之游記譯以意大利文風行全歐而

歐人始知東方有龐然一大帝國與珠寶燦爛之蓬萊島好奇求富等種種感念起伏于腦裏生冒險心奮然掛颿淩重濤破巨浪遠向天末之東方而印度而支那而日本遂始觸歐人之眼簾矣然彼歐人心中目中無非梟慾其東行也惟爲充肉體之慾望計故全力所注恆在形而下之物質厥後機械日利交通彌繁關于泰東之智識日益加廣其視線始漸集於形而上之精神十九世紀第一載印度波羅門古經典『烏怕尼悉得』始現于歐土降者法人胚稜火敎經典『燃德惠須陀』之發見者也其書以波斯皇子達剌修哥之波斯譯爲藍本而重譯以臘丁文雖造句措辭不無佶屈而其根本觀念則殊能賫覃思家之咀嚼近世歐洲思想界中忽發異光閃閃以起一時視聽爲之慴動羣相驚爲得未曾有之哲學焉

一八一九年有異書出現于德意志名曰『意志及寫象之世界論』箸者誰勗賓赫埃其人也氏自謂德康德之正宗且以印度哲學之新使徒自任蓋其見地實以葦陀敎之人世觀爲骨子而潤色以康德之世相觀者也敍有曰

唯知康德之哲學者始豫知余將何言且唯斟神人柏拉圖之學流者始能聆吾

人之言解吾人之言焉。

又於『怕雷爾格』第一号假豫言者之口吻曰。

當耶教初期異宗哲學不可縷指其中猶太之有神論爲耶教教理尤得一般人民之信仰而學者之箸述復發揚其幽光印度之凡神論早晚其亦爲衆庶所信仰乎。

又於第二号述其信仰之意曰。

嗚呼吾人因是一滌胸中猶太之迷信世界雖大寧有如斯高尙幽玄之創作者乎。此足以慰吾人于生時者也又豈不能慰吾人于死後哉

其言若此足證印度哲學入人之深大爲昂氏所尊信故履其室輙見註、黃金佛前置『烏帕尼悉得』日一諷誦以代祈禱而書几間則有康德半身像焉足以窺其意矣蓋曰時(時間)曰方(空間)皆不遵吾主觀之寫象故續于時充于方之萬有何莫非寫象乎如是則吾人可知覺之世界亦一現象之世界耳此由康德世相觀而來之觀念也萬有既爲主觀之寫象世界亦一現象之世界則吾更不能越此而再能

知覺矣然吾自知我所以活動之我此活動即意志也康德字之曰本質而不復予以說明至勗氏乃得其解曰萬有本質既爲意志是即無厭之慾望也萬有皆驅於此慾望而活動其我之意志各相長而不相讓害惡乃由是生萬有本體既皆意志則此世界一害惡之世界也故爲人生究竟之目的者在滅却其意志設執現於時爲方之上之迷妄 Maya 爲眞實乎則即有限于時定于方之各個之我以有此個我故而個我之意志始競相長矣苟能滅却個我之意志而復歸於宇宙本體無限無窮圓滿普照之意志則吾人遂復得大幸福平靜無爲焉天地一焉此由印度哲學滅寂涅槃而來之思想也味其哲學之神髓終不外『烏怕尼悉得』之一汝即我也』Ta auam asi 之一言耳然泰東哲學厭世爲多當世歐人寧能咀嚼勗氏所言竟莫有顧之者遐重印時其叙有曰眞理非賣汝有强人遵守者耶矯激如是亦可悲矣孰知勗氏將老盛名始揚執贄踵門願爲弟子者不遑枚舉不十年而氏遂歿於盛名鼎鼎之中矣邇來其世界觀偕擺倫赫難之雄篇殆有風靡一時之概十九世紀之哲學若文學無不受厭世之徵光者實泰東思想正挾歐風美雨滔滔然喧

遂于歐洲大陸之候也

所惜者勗氏哲學尚未能見神祕之靈光。迨其晚年。始取『美思末利誠』潛心探索。未成而歿不然則標神祕哲學之旌。鼓泰東思想之燄其造詣正未可量耳。然十九世紀末葉物質及懷疑之思想既達極巔人倦思歸不得不日傾于神祕山雨欲來風滿樓唯神論勃興之機熟矣而時適印度之交通彌繁亞學之研鑽彌盛一八二三年。有會立焉。曰亞細亞學會亞學者攷勃克執牛耳越四載歸于官越七載定英王必爲贊成員之制。各國諸侯王若桴鼓應。駢足而至設支會于亞細亞諸邦研其文物。復有修籟氏箸『東方聖書集』若儒若佛若波羅門若火教若通教網羅無遺蔚爲巨帙。有愛挪德氏以典雅之筆幽玄之想發爲詩詞曰『亞細亞之光』有雪奈圖氏箸『密部佛教論』低眉說法天花競飛如是以日以月以年泰東思想漸印歐人之腦至一八七五年而紐約遂有靈智協會之設矣今其支會印度百七十美洲九十歐洲七十。其目的皆欲播泰東之文物注神秘之智識以擊唯物論者也故與唯神論者相提攜大變歐西宗教界之面目觀一八八九年巴黎之接神學會足知而今傾向實日歸於神秘在破壞時期有是信仰誠可驚之現象也奚爲起此不慮之反顧運動乎則以科學者流難踐舊約故科學者果能踐其夙約乎失望之衆庶欲不歸于宗教不可得矣

羅退拿氏亦曰。

夫西歐趨向主物質之進取泰東反是求精神之光明故此豊于財彼覃于思精神之理想實能冷物質進取之摩擦熱而防遏其燃燒者也

然此現象竟隨旅人之歸路以跋扈于歐西然此現象乃于懷疑及寔驗哲學之母國法蘭西爲尤盛新教運動之創始者燕獨阿傀有言曰。「非宗教思想之趨向在一八八〇年（法國共和政府取代耶教以科學之政畧時）已達其極新教派者實因此趨向之反動而起者也」蓋宗教之亂既使歐人日傾于神智而泰東思想乃乘源以瀰漫于大陸矣現象若何曰尙素食行火葬及研究「美思未利誠」

夫歐人者肉食之人民。非是不足維持其健康者也。而今也乃有學佛家一切菩薩不得食一切衆生肉之持戒者其禁肉食之言曰

素食者不煽情慾故有精練思慮日進于平和淸淨之宜。

素食主義者。能令豐饒之斯民。不陷于邪行。且杜蔑視無辜物命之危機。凡事教之正直仁慈。涵之廉節貞白進人間于安寧而高尚其風化者也。

一切肉類不含植物內部貴重而難得之成分。徒餔啜而欠澱粉及糖。故非上食。

夫耶蘇教國者皆謂世界末日。死者復蘇出荒涼之古墳受永刼之裁判。迷信所囿。土葬爲尙。然一八九〇年頃。佛教火葬之制漸行于歐西而天主教國之法蘭西意大利提倡尤盛巴黎市會賦荼毘費于民有日益獎勵之之勢不亦奇哉。

夫動物磁力（催眠術）者。科學家所力斥爲妄想者也。然邇印度之密教思想盛行于靈智協會間而究研者日增秘密亦日闡生理學大家委身斯術者亦日多今其原理雖或存疑而事實則已見信于大衆或有以之爲醫療之術者或有以之立神秘哲學之基者。嗚呼泰東思想之勢力及于歐西哲學界宗教界者。乃若是其偉也。

吾人試更放眼睨其美術界而取精緻微密之畫體與縱橫揮灑之畫體以相比較歟則彼爲形似此爲神韻彼爲寫實爲數學爲分析爲個體而此爲理想爲詩詞爲具象爲標彰蓋泰東美術常逸審美學者之規矩以外而爲歐人腦質所不能容者也一八六七年法國巴黎博覽會中泰東美術品始惹人目游布奈耳諸氏復盡心致力以紹介于諸邦泰東思想之光輝忽燦爛于歐土此索精神于形骸以外之燕布烈盧尼生 Impressiounisme 派之所由起歟

蓋境遇雖能造人而人復有同化之腦力十九世紀者東西兩文明之抵觸時代也物質之文明由歐而入亞靈性之文明自亞而之歐兩大潮流相擊相觸發爲雄聲奇彩以震眩此世界歐人易變之腦質乃不得不改易其排列法焉而亞洲則日本以外或醉或亾風潮雖厲罔有所感豈同化之腦力弱而境遇之力强乎雖然十九紀往矣不必言矣此二十世紀其將融合渾化而生一光被全球之大新文明歟其將爲歐西文明所吸收而泰東文明遂泯以歿歟其將爲歐西文明所排斥而泰東文明遂槁以死歟不知也不觀印度之文明乎發達之步趨久經息足已有吸収于

學術

英人所輸入之歐洲文明中之傾向矣不觀亞剌比亞之文明乎薦哈默德之天地自歸于土耳其野蠻之手以來既已摧殘零落無可觀者矣今與歐西文明相對峙者唯支那文明耳其運命其終極不能言不敢言也記憶之記憶之吾前言印度之文明其及于歐洲之思想界者光輝如是其燦爛勢力如是其偉大而舍衛靈鷲之景色乃如是其荒涼也嗚呼吾復何言焉吾復何言焉

高塔摩霄三百級
俛看舍衛四遷城
霸圖佛跡俱零落
指點山河落日明

傳記

中國愛國者鄭成功傳（續第八期）

匪石

第八節　鄭氏兵力擴張時期

明歲永曆正位九年矣出孫西粵遙與閩南海相望一介孤臣伏處思明一窪地歲朔遙望南雲一角冠大明之冠衣大明之衣僅向闕九拜祝大明萬歲其聲嗚嗚堂下歌泣潦倒不復成禮時或書詔間至附訊南中君臣起居狀孤亡咨嗟相對十回不得一笑顏小子述史至此亦復心悸無可聊賴亡國之慘其如是矣忽々二月宦者劉玉自行在至于安隆煌々永曆帝之詔書出陳于孤臣之前上述報功辭下諮復仇事成功問行在事如何玉言天帝聖明而驕將孫可座李定國可怖成功拂衣而歎曰今宗國若此諸將猶驕慢爭兵恢復何望仰天一慟身傾于座于是以有明

三百年豢養之朝官數千人所不可當『復仇』之重擔昂然以兩肩承之而行鴻雁北飛戰馬南嘶二使去已遠壯夫何日歸成功既復父弟書知清廷餌誘已窮一浪三折且洶洶有轟天倒海之勢我無備將奈何于是使林察爲征南勤王總督增砲臺添水師又使蘇茂王秀等五鎭率戰艦五十隻自海道達于廣西行在與李定國會師迎淸兵是年十月劉國軒降未幾漳州總兵張世耀降劉國軒者成功子若孫柄兵時代之一大將其人物其功名其際遇吾例之以蜀漢之姜維至是遣將分道徇郡漳屬諸邑皆來附攻仙遊破之

遂決北上議乃使張名振爲元帥陳煇副之以二十四鎭入兵長江以戶官洪旭爲水師右軍又使王秀奇領二十鎭爲北上師團長使黃廷萬禮領二十鎭爲南下師團長已而甘軍遭風入于溫台降台州總兵馬心洪軍別收岑江附近地黃軍陷普甯焉星火焰焰初試原野而汪洋洪水又自北直流南下則以諜偵淸軍將大擧來攻于是諸軍皆回師

瞥焉北顧淸廷最後之招撫策泡浮于池電馳于空部議成功驕兵無狀反復不定

恨未能即誅之。洩其羞怒之毒以及其父。于是赫々乎新授爵之同安侯鄭芝龍乃幽身于高墻之裏不足又幽其叔父澄濟伯芝豹于甯古塔。爰整士馬繕城池。遂以世子濟度爲定遠大將軍而令多羅貝勒巴爾楚渾等率滿漢兵入閩。是年十二月。至于泉州。而成功已斂兵厦門下令堅守各島毋與清陸軍相持漳州惠安同安之城壁巍巍矗天墜之摧之勿以資敵安平芝龍故居連牆數里洞房複壁繁麗甲于八閩轟然一炬蕩爲死灰飛去。

未幾。清軍敗蘇茂黃梧于揭陽亡二鎭焉。十年四月。貝勒聚各澳之船。以韓尙亮爲先鋒會師南下成功偵知之乃使林察七鎭等以大船十四艘泩于圍頭。使陳魁等四鎭以大船十二艘泊于遼羅。使萬禮黃安等五鎭以船十快哨十。巡游高崎潯尾及圭嶼沿海一帶地。使陳覇防南澳。使張進備銅山。使翁天祐王秀奇嚴巡厦門部署既定。適淸先鋒至于圍頭。王明等突入擊沈淸船數隻。未幾貝勒率諸舟大至。忽狂風起于海上平面波濤壁立上搏無際歷二日乃止北來軍士但習陸戰遭風盡鮮或苦臥或盡嘔海面漂船如殘星浮沈上下盡附着金厦兩島咸被俘獲貝勒率殘舟以遁。至是知成功斂兵一舉殆將以水軍勝。而其時尙有一小小頓跌爲鄭軍前途之累者則以揭陽之敗成功以律蘇茂罰黃梧梧不服與蘇茂弟蘇明以海澄降于淸鄭軍救之不及海澄陷時貝勒巴爾楚渾閩浙總督李率泰方駐兵漳州成功乃遣師乘虛越攻省城七月至閩安取之成功乃親率軍至途中聞舟山師爲淸軍所襲悲憤交集急圍福州貝勒使別將阿格商救之而以重師襲銅山銅山者鄭軍之重鎭也成功聞急遂自福州回救阿格商尾成功軍甘輝殺之于途於是貝勒亦還師。

第九節　金陵之役

可愛哉祖國擲筆西望自浙江以北長淮以南大江橫亘若練煙波淼渺隱隱現一巨鎭其地山水人物商賈物產實甲中國則古帝王之都金陵是也自今上溯四十年前洪秀全氏起自廣西提其民族主義下湖湘抵江口設都曾于玆者垂二十年則曰是地也常爲吾國人守之今人度壯年以下皆不及見見者亦不復記憶風潮既過淡然忘之矣而惡知前三百年此地嘗有赫赫一大戰爲吾祖國存亡絕大之

關係者鄭氏金陵之役何湮沒不聞于今人也我請述其歷史。白髮頻催客中原正苦兵匣中惟一劍時作不平鳴颯々乎英雄盖世之鄭成功單身擧義將十年僅盤旋海南一孤島淸兵又時々來犯中興大業幻如夢忽如電計成事尙不知更在何日永曆十一年四月。成功大會諸將議中興事。于是二大問題以起。

一主進取黨此黨大旨謂吾坐困漳泉之間。未足以號召天下豪傑。蟻穴相鬥。又非吾民之福。徒召淸兵耳。不如大遣將士。直犯瓜州便取南京。閩粤浙楚勢必響應。然後中興之業可成也。此黨以潘庚鍾爲之魁。馮澄世陳永華等附入之。

一主反對黨此黨大旨謂江浙地廣。非徵士數十萬不足以縱橫如志。今率大軍進攻。貝勒等尙在漳州。設輕兵襲我金廈。我根本動搖。奚以自安。不如徐窺釁隙。以退爲進。然後聯兵兩粤。徐圖中原。天下不足平也。此黨以甘輝爲之魁。

而成功則以報國熱血已滴滴垂滿唾壺居平苦抑鬱不得志且以凡人非具有冒險之性質者必不足以成大事遂決進取議。是月使楊廷才劉九皋自龍門間道齎表白事于行在。而別使水師後鎮施舉。往浙江松門招漁丹爲鄉導。七月。自率舟師北上。十日至興化。十三日至狠崎八月十三日。使黃廷等自海門上陸。降黃巖守將王戎九月。天台諸邑悉降而永春縣林永亦起義相應。聞閩安陷敵乃還。是役也實爲金陵第一次導師

耿々孤標之精雲自閩迤邐入粵上感永曆帝帝曰。俞哉。惟成功身執大義。僻在海隅。歲貢問不絕今將率大軍。進圖中原其不可無封。乃封成功爲延平王帝又曰。俞哉。惟成功諸臣。竭誠帝家佐勞良弼。今玆進征。當益勞苦其不可無封。乃封

祥符伯—王秀奇　建威伯—馬信　崇明伯—甘輝　永安伯—黃廷

建安伯—萬禮　忠靖伯—陳輝　忠振伯—洪旭　少傅—鄭泰

鼓鳴矣軍行矣揚揚進行之歌若與兵步聲相湊答父母兄弟妻子友戚皆手『祈戰死』旗走相送告曰毋辱國!! 毋辱國!! 答曰誓戰死!! 誓戰死!! 皆疊十指數國民軍海波蕩蕩前軍結隊而過曰中提督甘輝從將八鐵人五千兵一萬大船二十。快哨十。右軍至曰右提督馬信從將八兵二萬戰船三十。船十。快哨十後軍至曰

後提督萬禮從將兵士船隻如右提督數已而中軍至肅々黃纛之下延平王鄭成功實居中央從將三十二兵四萬舶船一百二十軍行既過海天一碧千里猶隱隱聞『戰死』『戰死』字是歲成功駐師磐石衛

大江一角自鎭江至瓜州水面才十里粗堤如鯁亂石如繡上有栅栅有穴射者伏如蟄忽對岸候馬疾騎而過諜報鄭軍以十二年六月十六日蔽江而下海舟二千數百如猷如蟻如野馬如游龍列布江面歷亂不可辨清曰速施砲鄭曰速進軍毀堤斷栅一躍登岸陷瓜州迫鎭江而清將管效忠以萬五千人至清以騎鄭以舟岸上下貫穿如梭如織一日二日三日少焉舟中人露身騰躍旗別紅青白黑黃色此則仰彼則仆東或進西或郤忽鄭軍背後黑煙冉冉而起鐵人如風行如山立白旗開處火龍數十奔清軍清軍下其潰如亂流但餘白骨黃沙杳無騎跡

清風徐過峴石山儼列几榻成功乃率文武官列級而登以吉服祭太祖以縞服祭先帝大呼高皇爺我高皇爺我賴先帝靈臣長征矣嗚咽泣雨屑屑如淚成功撫景悵然廼繫以詩詩曰

黃葉古祠裏秋風寒殿開沈沈松柏老暝暝鳥飛廻碑帖空埋地社階盡雜苔。此地到人少。塵世轉堪哀。

而是時二黨進兵大問題又起于主將之座前進取黨議疾取金陵反對黨議坐鎮瓜州而成功方奉『冒險』字爲軍行之目的仍决進取議。七月進攻金陵用久困之計。而清援軍皆以次來會。又遣諜餌成功。願假三十日來獻城。梁化鳳者敵中驍將也。窺鄭軍獅子山一營獨虛。攻勝之。明日復戰。鄭軍左右不相救。敗再戰。遂大敗。亡甘輝等以下十四人。成功倉卒以舟遁。嗟嗟。出師未捷。淚承英雄之襟。秋風正寒。怨入胡兒之笛。而成功卒投袂止泣。亟亟厲將士。簡車馬。誓不能復仇報國不止。

（未完）

科學

水力說

知白

山高澤下位置顯殊而或峙或流流必有速度速度附于物体物体即有力故力之宣洩實沿兩大而俱存第生民以來自然之利須以次發見故水力之利迴溯昔時其應用覺不甚廣者而電氣應用之進步遂于水力上別開一新路發見次第之序夫固相輔而行者乎然而電力也重力也蒸汽力也水力也別類分門各自有其本然之特色而就水力言之其特色所在如煤炭等物一經燃燒其力即熄而水則源源而來可以永久利用無盡藏焉又如蒸汽機氣動機等之能力其大小不因位置而殊水則不然水車所在之位置一異則其所能作之功用即殊高下之勢實使然哉」

水所能作之功用何以因位置而殊則以位置之高下有關于蘊能力之大小故也

學術

凡在高處之物体皆有蘊能力爲力學上之定理水亦然故立方英尺之水在H英尺高其所有之蘊能力爲

$$E = 62.4 \times Q \times H$$

上式E爲蘊能力。六二四爲水每立方英尺之重。

能力分二種蘊能力之外又有動能力。照力學定理W磅重之物体。其速度每秒爲V。則其所有之動能力。

$$E_v = \frac{\frac{W}{2}V^2}{2} = \frac{W \times V^2}{64.4}$$

又照力學定理。靜止之物体受力作用生加速度α而運動。如所行之距離爲S。最後之速度爲V。則

$$S = \frac{V^2}{2\alpha}$$

而水自由（自由者毫無外礙之謂也）落下時。其加速度爲g。故命所落下之高爲H_v。則上式可改寫爲

$$H_v = \frac{V^2}{2g}$$

即Q立方英尺之水。其所有之動能力

$$E_V = \frac{62.4\times Q\times V^2}{64.4} = 62.4\times Q\times H_V$$

觀上式則動能力與水在H_V高時所有之蘊能力相等可知。詳言之即水在H_V高時有蘊能力。而落下時則因運動之故變爲動能力。其量仍毫無加減于蘊能力也。今試任意于一地平面上設一標準綫。水離此綫之高爲h_e英尺。其速度每抄爲V。照上所說。其總能力

$$E = Wh_e + W\frac{V^2}{2g} = Wh_e + Wh_v = W(h_e + h_v)$$

試命h_e與h_v之和爲H。則

$$E = WH$$

h_e名高度。h_v名動高度。動高度者。虛擬之高度。由速度所生者也。H名總高度。而觀

上式。則水之總高度。爲以水重除水所有之總能力可知。

上所說二高度外又有一高度。名壓高度。壓高度者。壓力相當之高度是也。水在h_e尺高故有h_e尺之高度。焉有速度V。故有動高度h_v焉。上面受有壓力。故二者之外又有壓高度焉。而此時總高度。實爲三者之和。

$$H = h_e + h_v + h_p$$

上式之h_p。即壓高度。而生壓高度之壓力。爲水重時。試命爲P。則

$$P = S \times hp = 62.4 \times hp \therefore hp = \frac{P}{62.4}$$

故壓于每平方尺上之壓力爲P。則其所有之高度爲h_p可知。然而水重之大小。與水垂直之深淺相正比例。故此高度。又名爲水壓所生之高度。卽壓于上面之水。其垂直之深所生之高度是也。

然而水流可分爲二類。一恆流。一急流。恆流者。如江河之水。源遠流長。其量無所加減。有定常者也。急流者。爲溝澮之水。倏而迅駛。旋卽涸息。無定常者也。水力學所研

究者爲恆流。而急流固不能應用。故今亦不加述。

照上所說 $H = h_e + h_v + h_p$

定此H爲恆流某點之總高度。則此數爲不變。即 h_e h_v h_p 三者之數雖變。而其和之數常相等是也。此理甚易明。照能力不滅之定理。則能力雖可變此種爲他種。而其量要無所增減。故命恆流上一點之總高度爲H。則

$$E = W(h_e + h_v + h_p) = W \times H$$

又試命他點上之總高度爲H′。則

$$E = W(h'_e + h'_v + h'_p) = W \times H'$$

E爲能力。其量既無所增減。必恆相等。因之

$$W \times H = W \times H'$$

觀上式則H′不能不等于H可知。即

$$h_e + h_v + h_p = h'_e + h'_v + h'_p$$

而動高度 $h_v = \dfrac{V^2}{2g}$

又壓高度 $h_e = \frac{P}{S}$

故水某點之位置。其離標準綫之高爲h時。則

$$H = h + \frac{V^2}{2g} + \frac{P}{S} = \text{常數}$$

上式名動流水學方程式。

然而水力作功用時。其能力必不能無所損失。故此時之水能力。有致用者。有損失者。即見諸功用爲致用之能力。不見諸功用爲損失之能力是也今命E爲總能力E_u爲致用之能力。E_e爲損失之能力。則

$$E = E_u + E_e = H \times Q \times S = W \times H$$

$$\therefore\ H = \frac{E_u}{W} + \frac{E_e}{W}$$

定 $\frac{E_u}{W} = h_u$　$\frac{E_e}{W} = h_e$

$$\therefore\ H = h_u + h_e$$

即H尺之總高度。其致用者爲h_u尺之高度。其損失則爲h_o尺也。而此高度之損失。原因有三。一流水與邊之摩阻。二使用後之水。其位置尚足以有高度。三使用後之水尚有速度。而此外如使用後之水。其上而尚有水柱之壓力時。亦足以失高度。故所失之高度。以式表之。

$$h_o = h_f + h_g + \frac{V'^2}{2g} + \frac{P'}{S}$$

上式h_f爲摩阻所失之高度。h_g爲使用後水所餘之高度。V'爲使用後水所餘之速度。P'爲使用後水所餘之壓力。故

$$H = h_u + h_f + h_g + \frac{V'^2}{2g} + \frac{P'}{S} = \text{常數}$$

上式爲水力發動機原理上最緊要之方程式。

總高度乘水重。爲水之總能力。可憑上說而知。今試命恆流每抄所流出之量爲Q立方英尺。總高度爲H。以馬力計算。則

學術

$$\frac{Q\times H\times 62.4\times 60}{33000}=\frac{Q\times H\times 62.4}{550}=\frac{Q\times H}{8.8}=\text{馬力}$$

上所得之馬力。爲理論上之馬力。實用時必不能達此數。約爲此數百分之八十以下。餘則概歸于損失。今試命水車之能率爲百分之七十三。則下式爲應用時所屢用之式。

$$H.P.=\frac{Q\times H}{12}$$

水路之摩阻。可以損能力。而水路又分二類。一包合水流之水路。如管是也。二上面開之水路。如河川溝渠是也。包合者名閉水路。上面開者名開水路。

水在水路內流時。高度必失去幾分。其原因可舉之如下。一水路與水接觸面性質之關係。二水路長短之關係。三水路與水接觸面部分多少及形狀之關係。四接觸面上水流速度之關係。五水流方向及速度齊整與參差之關係。故

$$h_e=K\frac{\text{長}\times\text{周圍之接觸于水者}}{\text{斷面積}}\times\frac{V_m^2}{2g}$$

上式之K。即由性質關係所生之係數是也。V_m為平均速度。平均速度者。水流過某斷面時。其近接觸面處之速度小。近中央處之速度大。今將此斷面上各點之速度平均之。即為平均速度。

水流過等徑之鉄管時。其高度之損失。可本上式而知。而此時性質關係所生之係數。

$$K = 0.005\left(1 + \frac{1}{12D}\right)$$

上式之D。為管之口徑。故管長為L時。則所失之高度。

$$h_e = K\frac{L \times \pi \times D}{\frac{\pi \times D^2}{4}} \times \frac{V_m^2}{2g}$$

而馬力之損失。

$$(H.P.)_e = \frac{62.4 \times Q \times h_e}{550}$$

又一秒間之流量。

$$Q=\frac{\pi D^2}{4}\times V^2_m=\frac{\pi d^2 V^2_m}{576}$$

D為尺。d為寸。故分母變成五七六。而由上式得所失之馬力。

$$(H.P.)_e=0.0000007436SKLdV^2_m$$

$$=0.000464KL_dV^2_m$$

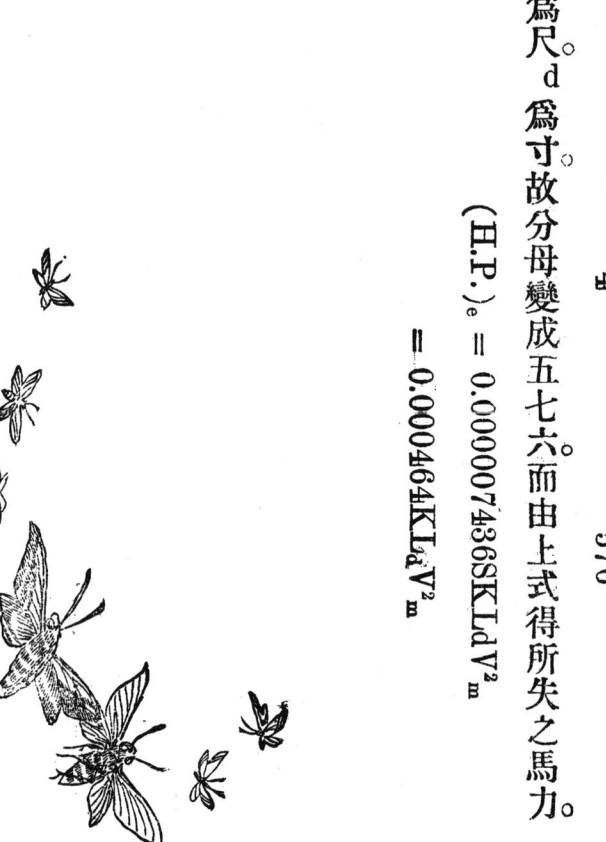

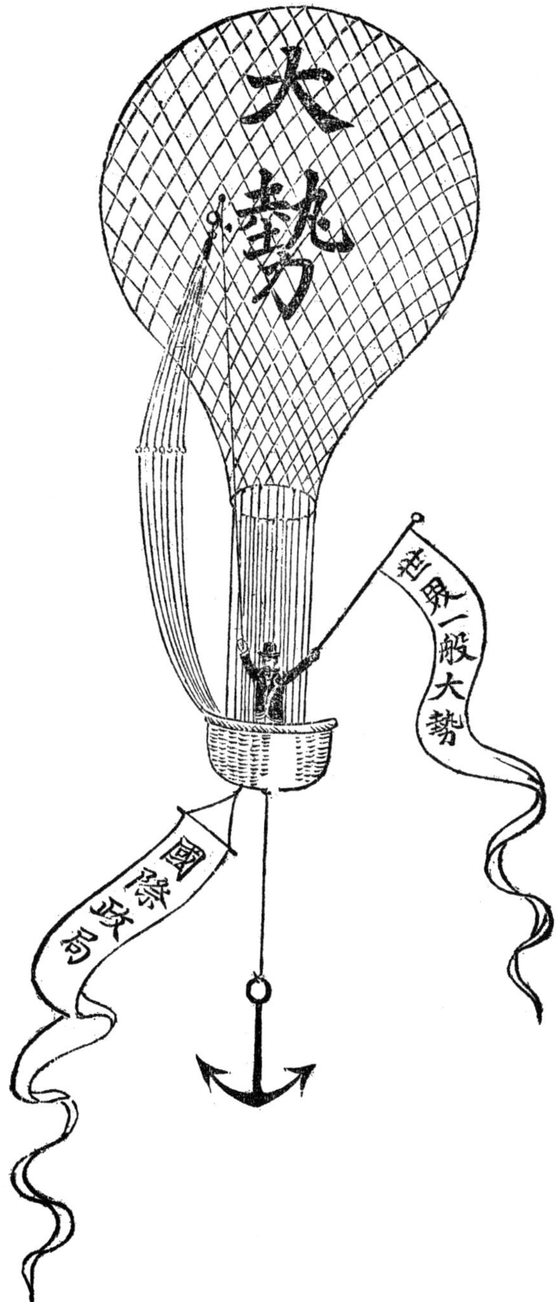
大勢
世界一般大勢
國際政局

江蘇第七期目錄

總發行所
日本東京神田區駿河臺鈴木町十八番地中國留學生會館
江蘇出版部

警告代派所及閱者

本誌發行七期已過全年之半而內地之代派所及閱者尙多未繳足報資者殊屬有意延遲自本期起凡未繳足報資者概行停寄以前之報統歸零售計算該欵由經手者追繳其有閱者已付清報資而代派所延不繳出以致停報者可關知總發行所或總經售所以便稽査特此廣告

總經售所
上海棋盤街
明權社

每月一回朔日發行

每册加日郵三分
全年（十二册）兩元五角
半年（六册）一元三角
零售每（册）兩角五分
大洋計算
內地郵稅酌加

世界一般大勢

近世工商業之現象（續第八期）

鐵拳

其一英吉利　英之爲大工商業國也盡人而知之其原因不一海岸線延長航海術發達其一也地理的位置爲交通之中心點其二也煤鐵豐富其三也有煖流而氣候順適其四也殖民地徧五大洲其五也而其根本的原因則盎格魯索遜民族着實剛毅視職業爲神聖以此之故故能于前世紀挾其覇氣鬱勃之勢爲一空前之大帝國富强達于極點大有壓倒萬邦包擧天下之槪以此之故故雖俄德美諸國盛行保護政策世界之局面一變而英人猶酣于自由貿易之迷夢步步落後陷崦嵫之悲境然根柢堅實內力充盈外感不足以致其死命到于今而猶不失經濟界之雄主況又有張伯倫諸氏提倡保護政策不遺餘力者哉然則英國國勢之前

途可以知矣蓋煤鐵二者爲現今文明之二大要品而英倫三島皆富有之其煤之產額一個年至達于二萬萬噸以上價額一萬萬磅以上鐵之產額一千四百四十六萬噸價額三百八十九萬磅而其輸出之鐵重量七百餘萬噸價額五百三十七萬四千磅噫以是知其工業之繁盛非偶然也若夫商業則尤偉其輸出入總額至值八億一千四百五十七萬磅實占世界貿易全額之五分之一『商業之南面王』之美名英人受之可無愧色矣雖然猶有一大缺點不能無遺憾者即自由貿易主義是也夫昔日自由貿易之有利于英也固不可誣然時代既變政策有不能不變者盍觀夫張伯倫之在波米哈之演說乎曰『諸君諸君毋忘列邦之侵我帝國之商權苟任其蠶食則吾英將陷于亘古未有之大悲境矣』又前數年某委員調查工商業不振之故其報告曰『吾英之工商業之所以不振至於今日者最近十年來列國皆盛行保護政策而吾英獨瞠乎其後此其大原因也』由是觀之列國既執保護政策以擊英國之商業爲英國計亦惟有實行保護政策以抵制之耳且現今英國人民之食料其由海外輸入者占三分之二一朝有事敵艦斷其輸入之道

或食料依賴之國直與之開戰端失和好則英民之生命其將何以活耶是則殖民地之親密其要矣殖民地之親密實英國存亡之大關鍵也然以今日殖民地感情之薄弱終必有分離之患則帝國之聯結仍戛戛乎其難是則實際的利益其要矣對于殖民地製造品之輸入則槪免其稅對於外國製造品之輸入則加重其稅一以增聯絡之感情一以免急時之困難張伯倫之所以盡力于此者蓋深知其大有關係于保護政策而保護政策者今日英國轉禍爲福之無上機關也故其堅執保護政策也受歡聲而不喜蒙誹謗而不懼職可辭冠可挂而政策終不可變能力所感卒能使曩日力主自由貿易主義之首相裴福頓悟昨非大有悔意噫吾乃知近世工商業之現象有如是也

其二俄羅斯　或曰俄羅斯非工商業國也其國之膨脹非工商之膨脹乃農業之膨脹也嗚呼此言也知其昔而不知其今知其裏而不知其裏之裏也試觀其國土之面積有八百六十六萬方哩世界中除英國外尙有能及之者乎其人口有一億四千一百萬而百年前則不足四千萬其生產力之膨脹除美國外又有能及之者

大勢

乎且物產豐饒鑛藏充牣而民族之性質又堅實沈雄聞于天下其前途泱泱如春潮勃勃如旭日非人人所共認而同懼者乎德國經濟學者奧蝶培曰『俄羅斯已括歐洲之半與亞洲之大半而納諸囊中』又德國經濟學者喜馬賴亦曰『俄羅斯將次英美而起爲世界三大帝國之一』是二人者實驚其近年工商業之長足進步隱然有踏倒拉丁冠絕倫通之勢故敢大聲疾呼啓世人之聾閉此固盡白色人種而畏懼之夫豈二人已哉方威得之爲大藏大臣（始于是月辭職）也彼固已確定方針曰俄羅斯者俄人之俄羅斯也俄人之一切需用俄人當自料理之自供給之不得仰求于異國故歷觀其頻年來所計畫所設施之政策於滿洲於蒙古而無有一事出此範圍者也盍觀其政府乎政府恐盛行保護關稅主義之猶未足也乃有所謂禁止關稅主義禁止關稅主義者非但高下其關稅率以保內國工商業之發達苟外國產業品之輸入有與內國之生產物作競爭狀者直禁止之無少寬也又盍觀其政治家乎政治家抱此主義爲財政與經濟上之目的也亦自以爲未足乃放大其眼光伸長其手段舉全國之民而悉敎之以保護政策之理與夫禁止關稅主義

之不得不行噫俄人之政略雖欲不畏其可得耶試言其鑛業石炭三年前之產額僅一千三百七十餘萬噸今則有一千六百六十餘萬噸矣石油三年前僅八百八十餘萬噸今則增至一千萬有奇矣塊鐵三年前僅二千六百二十九噸今則一躍而達於二百八十四萬九十噸矣更言其製造業全國各種製造會社有三萬九千餘所職工有二百餘萬人一個年之產額有二十八萬三千九百餘萬露勃又綿花製造業每年產額亦有四萬三千零二十八萬露勃又更言其商業其輸入額值五萬二千三百二十八萬露勃輸出額值七萬二千九百六十五萬發達如此夫亦可以豪矣雖然彼猶自視欿然未饜慾望悔曩日之以武斷的進路爲帝國主義之方針而不克于實利上用一番工夫因之而深恐其根據之不堅固外力之易來侵而又了然於僅恃兵力萬不足以握滿洲全土于掌中也于是政略又一變矣今日之滿洲問題實大半帶有工商業之性質者也檢疫事務也無四分七厘以上之稅額也不知者以爲此區區者庸何傷而不知其皆是保護政策之餘波也而其潮流之及于吾國民者儘可使黑龍江水盡化而爲赤色而黃河以北之一片土將爲俄人

大勢

之一大市場矣悲夫悲夫吾乃知工商業之現象有如是也

其三德意志　怪哉德意志自聯邦成立以來僅僅三十年而工商業之進步已不可思議而猶挾其雄飛世界之帝國主義孜孜乎謀工商業之發達蓋誠知工商業者實行帝國主義之中堅隊也今試先言其大原因一關於民族之特性也活潑進取勇敢有爲任勞而不倦儉約以自處而又能專意于治生職業此德人之特性也此其一一關于教育之方針也其父兄之對於子弟也謂若使之避生存競爭之艱苦不若使之爲生存競爭之準備故其教育與工商業相絡屬也此其二雖然二者則亦相須也矣雖民族有優性亦必有教育者以發揮之不然勿顯也而教育者苟欲鑄造國民則亦必因本族之特性而利導之不然勿濟也英國領事博威兒曰『德人近於司德丁市設立協會以完備青年教育爲宗旨商業家送其願學者于外國習其國語以求明悉商務之內情留心考察以定時報告於協會協會以千五百瑪克與之故凡游歷各地者每三月即得盡其技能云』又美國某領事曰『德國少年勤勉而謹慎凡有商業之志願者游學數年商業之新法工藝之秘技舉凡

外國之新智識莫不美備』是則德人之特性與其實業教育之發達不亦大可畏哉據最近調查石炭之產額達于一萬萬噸以上煤炭則四千四百餘萬噸鐵則一千七百餘萬噸羊毛織物則值七億五千萬瑪克藍料之輸出則值三億瑪克陶器玻璃器之輸出則值四千萬瑪克而商務上輸出入之總額值五十二億萬圓噫發達如是是亦三十年前所夢想不到也雖然猶有不可不注意者一事焉夫德國工商業所以發達至於如是者固原於民族之特性與其教育之效果而政府之保護政策實大有功勞而萬不可抹殺者改良商業會議所也整頓領事制度也編纂新商法也獎勵實業學校也皆政府之力也抑自畢士馬克盛行商業政策國家主義已瀰漫于內而溢出于外于是商戰大起而商戰之影響自必及於政治則政府不得不採保護政策故一千八百九十年以後德之政策全然帝國的也世界之上凡有德國工商業所到者無不與以政治的保護者也有政治的保護于是殖民地之勢力隨之而强大而殖民地之强大則工商業亦隨之而繁盛此固互相接應者也同胞乎同胞乎一千八百九十七年佔據我膠州灣之大事其未忘乎盍一觀其經

營之狀態而深長思之則近世工商業之現象可以如燭照而無遺矣

（未完）

大勢

國際政局

歐洲國際政局之推移

韋塵

千九百二年。當德澳伊宣言三國同盟第四次繼續之時。世人紛疑新條約與舊條約之性質。互有異同。顧此疑問。未幾即歸消解。蓋三國之條約。與千八百九十一年及千八百九十六年之條約。固爲同一締盟之事。而不容抱疑慮於其間也。雖然。當日列國之外交家。對三國同盟之繼續。仍不得不有岐异之感。何則。條約文雖同。而同盟之境遇則變。同盟之境遇既變。即國際之關係亦隨之而异。今日之歐洲。豈猶是畢公時代之歐洲耶。境遇與關係遞推遞變。而謂此繼續條約始終未嘗一變其性質也。彼列國機敏之外交家。能不注目此約文而一一討論之乎。

夫同盟條約云者。其條約文固未必爲最重要之事也。誰不知履行約條上之義務。而當事故紛變之際。盟約國固能履行與否。或竟蔑視此約文。皆在不可知之數。是故同盟條約之所以最重要者非條約文也盟約國之機動與意嚮也而德澳伊三國之同盟詎能解脫此範圍而別所謂繼續者耶而況三國同盟之條約文既未嘗由同盟國公表而全然確守其秘密主義則是所謂信用者愈不妨斷言之曰非條約文也盟約國之機動與意嚮也嗚呼德澳伊三國之機動與意嚮亦既變更矣而漫然宣言之曰繼續同盟繼續同盟然則三國之機動果何如耶三國之意嚮又何如耶此列國外交家之所以不能不動疑問也

欲解釋此大疑問當以畢士馬克所組織三國同盟之目的而比對最近十一年間國際關係上所起之變動及其變動之頃向以爲準

夫畢公之組織三國同盟非單欲結合三國也欲維持當日之現狀則以聯絡德澳爲中心使成一歐洲之大同盟然畢公之眞目的實在使法國孤立而已由此點觀之畢公之政策與維也納會議以後之梅特涅之政策頗相類似然畢公之成功實比梅特涅爲尤大嗚呼外交上之機敏梅特涅固不及畢公也蓋梅特涅執其頑固的主義而行對法政策畢公則毫不拘牽其主義而於列國地方上之利益感情不

甚措意惟以對法之大目的而以結聯列國爲政策故遇有障害使法國孤立之事則不恤傾全力而排除之如千八百八十四年妨碍俄法同盟之成立又締結德俄之秘密中立條約以牽制俄澳於巴爾幹半島之提携蓋俄澳相提携則澳國對三國同盟之熱情必漸形冷淡也千八百八十七年畢公又勸誘英國維持地中海之現狀以與伊太利相約定由是而伊太利又結納於三國同盟之中此時之英國於形式上實爲三國同盟之居間者而畢公一面以維持地中海之現狀爲目的一面欲增加對法同盟之勢力故又勸伊太利與西班牙相協商其結果西班牙亦不能不入於三國同盟之軌道若葡萄牙爲英國之同盟國則英國於三國同盟之關係當益益顯著矣千八百八十六年塞爾維亞因巴爾幹半島之防禦與澳國締結軍事的協約千八百九十五年羅馬尼亞亦與澳國相協約此二國者亦三國同盟之居間者也嗚呼五大國與四小國之互相聯合即畢公對法運動之告厥成功也

是故此大同盟之繼續間謂其非平和的維持不可也雖然激起法國之惡感情因而生國際上之變動者亦不能不注意也要之畢公之政策益益進行則法人之憤

激愈愈劇烈法國不忘掠奪亞塞司魯林之舊怨而又怒陷於孤立境遇於是對七十年戰爭之復讐心躍然而起而其感情之最切者即在破壞畢公之同盟組織凡法國政治家之智謀思慮無不傾向於此點而爾來歐洲列國國際關係上之變故安見非彼等畫策之結果耶

法國之政治家謀破壞對法同盟之方法。既旦夕不敢稍懈。而其最初之機會。則千八百九十一年是也。畢公於前年之春。挂冠退隱。新宰相卡普利維伯當外交之衝。縱欲竭力維持。而恒抱困難之感。且依卡伯之見畢公所締結德俄秘密中立條約。實有難言之隱情。適此時該條約之消滅時期已近乃決心不再繼續嗚呼德既絕俄則俄必親法亦必然之勢也然而德國政府對俄法親交之觀念頗為冷淡蓋德國之政治家以為俄皇最嫌惡共和主義決不與共和國之法蘭西同盟且使法國對德國之敵愾心漸漸鎔解由是德皇對法國以多方友誼的提議欲思默化其惡感情然而德雖施此手段法蘭西詎能即與之調和耶是年六月末宣言三國同盟第二回之繼續逾一月法國艦隊遂訪問俄國於科侖司達軍港俄法同盟至是乃

發表於世界

是時德國之政治家。尤欲自滿其樂天的思想。觀卡普利維伯對法艦訪問科侖司達軍港之質問曰『此事於歐洲政局。不蒙何等重大之變化。不過再造勢力平均之局耳。由此勢力平均。而法國可免於孤立之苦境。其對他國之惡感情。必漸漸消失。歐洲和平之局。從此可新得保障也矣。』嗚呼法國既脫孤立的苦境其能即表滿足否耶卡伯眞可謂樂天的觀察而已

法國自亞塞司魯林之大創及地中海々軍大同盟之新創以來歷二十一年間辛苦備嘗無所控告一旦絕纏而奔如虎兕之出柙不知法人之感情固如何也要之法國之政治家不以俄法同盟爲目的而以俄法同盟爲手段恒思利用此同盟覆新勢力之平均以發揮法蘭西之國力而已

先是十三年前。麥克馬亨爲大統領時。關於舊敎之敎權。與澳國相一致。欲結澳法同盟。以分三國同盟之勢力。然麥氏之政策終歸失敗。又同時澳與俄以巴爾幹半島事件。亦積不相能。法國又欲乘機結聯澳國以疏德澳之關係。顧法國雖多方謀

畫。終未見其成功。於是法國之外交不得不移向伊太利矣伊太利自加入三國同盟以來財政之紊亂不堪言喩因之反對三國同盟之聲紛起於國內適是時親法主義之政治家新組織內閣竭力唱與法國調和之說以變更三國同盟之條約而廢止軍事的規約並主張解脫同盟領土保全之義務其結果。三國同盟之條約遂不免因此而更張伊太利政府當三國同盟條約變更之際向俄國政府保證非威脅法國之事且就條約之變更通告於俄國伊太利之態度亦旣如是之顯著則法國對三國同盟之政畧所謂時不再來機不可失者非伊太利耶而果也法國之外交固已移向伊太利矣而惜也法國之外交雖移向伊太利終未見其成功也

當時伊太利內閣之一員路塞基氏曾宣言曰。『千八百九十一年時若法國果欲與伊太利相協商其事必得成功』由此觀之伊國之內閣亦嘗表好意於法國矣若當時法國之外務省不以瑣事相視實力行機敏之外交則三國同盟何至今日尚繼續耶然而法國之外交家昧於形勢闇於事理馴至坐失好機不與伊國相協商眞可謂失算也矣

法國之政治家。以爲三國同盟。伊太利已陷於困難之境。且與法國關稅戰爭一役。伊太利於財政上亦大受影響。勢將破產。故其時有法人蘭恩沙者受伊太利內閣路塞基之囑託。由維愛尼斯歸巴黎。報告政府曰。伊太利希望與法國改正通商條約。且在巴黎募集公債云云。而法國政府則思伊太利適在窮迫無聊之時。不如一再挫折之。使彼不得不求服於法國也。乃反答伊太利曰。關於通商及財政上交涉開始之前。先不可不決定政治上之關係。法國之態度。既傲慢如斯。英國乃勸告伊太利不與法國協約。於是伊法親交之機至是遂逸。逾二月。變更三國同盟之條約再以調印聞。嗚呼。千八百九十一年時。眞破壞三國同盟之大好機會也。乃法國之政治家不善措置。坐失機宜。使三國同盟之條約依然繼續存在也。非法國外交上失敗之明證耶。

後六年。路基尼內閣倒。科里斯比爲內閣。於是伊法於政治上於商業上。無處不互相軋轢。當時法國國民憎英之心。愈激愈烈。而其政治家則輕棄其分離伊太利於三國同盟之中之政策。反盡全力以破壞英伊於地中海之海軍同盟。故法國之對

大勢

伊政策不過小術數小威嚇而已故科里斯比亦始終不再變更其政策千八百九十三年俄法軍艦於索倫示威運動及英伊軍艦於伊太利軍港斯比阿及達侖特示威運動千八百九十五年法國欲加妨害於伊太利及希尼斯間之通商條約於是科里斯比之排法政策更形劇烈矣

（未完）

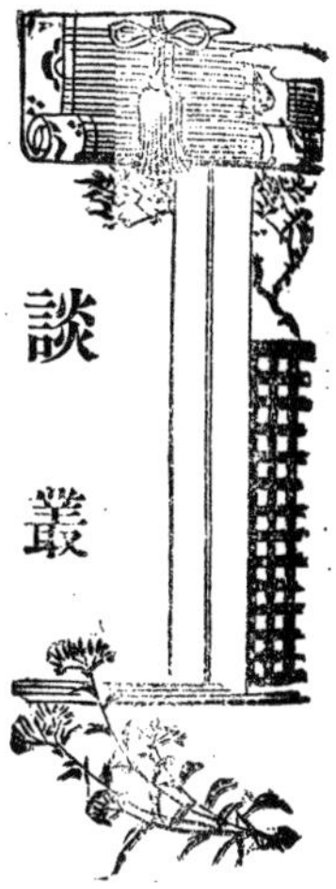

野獲一夕話

匪石

順民歷史

嘻中國民而有順謚者何吾徧求之乃求得其歷史于二百餘年以前則自李自成破明京時始也述之以告今日之好爲順民者

明崇禎十七年三月李自成既入明北京改元永昌元年國號大順其臣劉宗敏傳諭城中百姓曰儞百姓毋得驚惶儞門須用黃紙寫順民二字粘貼門額上及門首即不殺于是百姓皆執香跪迎門口粘貼順民二字又書永昌元年順天皇帝萬歲

据是則順民二字出現之始實以自成國號大順故有順民之稱而後人即以爲降

談叢

民之名詞矣證如下

清豫王兵下江南既得南都忻城伯趙之龍首率諸臣迎降趙令百姓家設香案黃紙書大清皇帝萬歲又令大書順民二字粘貼門左

江陰城將陷降將劉良佐百計勸降約城中官吏士民曰豎了順民旗薙頭數十周行城上即退兵矣次日四城徧立順民旗忽中變盡拔順民旗而改樹大明旗幟如初

庚子北京之變義和團踉踉首難八國會師來攻已而天津破北京破旬日手搴『扶淸滅洋』旗者至是皆改服易幟大書大英國順民大法國順民大美國大德國大日本國順民字樣

嗚呼以名責實宜大書大淸大英大法俄美日本國民加一順字何爲哉惟中國二千年來人人皆生息暴主專制政體之下不惜過自貶損以求得其自家之一當故以大淸大英大法俄美日本民爲猶未安又中益順字以自表甘爲奴妾之意嗚呼唯玆『順』字乃不祥若是哉傳曰去順效逆所以速禍也惡知夫我黃帝所留遺一

塊土所養育數孫子皆以一『順』字亡失之乃敢轉一語曰惟去順而後中國有國民

奇詔

故明季年流寇興於山陝之間而以李自成張獻忠爲之魁朝廷疲於奔命卒乃迎清入關望風解靡以歷史家觀之張李雖未嘗一日降清而清廷實賴玆以收其用可不謂爲清廷之功狗乎李事不具論張躁急好殺其歷史野史氏多能言之間嘗得其手詔讀之笑吃々不止又願與讀者共發一大噱也

張獻忠別將劉進忠敗于漢中一日忽傳朝廷有勅書至進忠徧召一邑有司鄉紳士民匍匐迎於郭外旣迎入公所拜辭畢命乃令一生員登壇開讀進忠率有司以下跪壇下伏聽但聞其上高聲讀云

奉天承運皇帝詔曰咱老子叫𠰻不要往漢中𠰻强要往漢中去果然折了許多兵馬驢口口入𠰻媽々的口欽此（凡空處以文字太穢故刪之）

讀畢文武諸官皆向上叩首呼皇帝萬歲謝恩而退

談叢

吳三桂復父書

吳三桂者我中國民族之一大仇敵大叛徒也彼自迎清師入關沿途諭百姓皆薙髮投誠。此背叛君國之跡。灼然呈露而猶嘵々責父以不忠夫吳襄不能爲明殉節。陷身賊中。誠哉其不忠矣然不猶愈于子三桂易服迎師之所爲乎吳襄闔室陷賊賊迫令致書三桂。猶有所逼而然也而三桂則儼然素服跪哭于清主之膝下父之帝之唯恐其不入中國則又怡然而爲之者矣按之於律又孰重而孰輕也且三桂意氣若激昂言辭若慷慨。而毅然出於迎清一舉者徒以妾陳沅故耳三桂忍于其國忍于其君忍于其父而獨不忍于其妾以一女子之故而坐使有明三百年社稷一旦盡墟于清軍之手又使吾中國南部數百萬生靈皆以爭不薙髮故而投死於水于火于刀于餓道而邑滅而城屠而自江以南兩浙閩粤無復寧歲三桂之罪尚可逭哉昔鄭芝龍身在燕北。數以書招成功成功亦有復書矣。（見本誌鄭成功傳第七節）例于三桂此書又果奚若嗚呼三桂吾國民而遂爾昔日之仇非夫也已」

初。三桂未得其妾陳沅陷賊訊父襄以手書招之三桂欲降。其後父書有云。

(上略）國破君亡。兒自當以死報。今我父諄諄以孝字督責。兒自又不得不遵嚴命。(下略)

比又得妾沅已入賊中。則大痛憤。介明降臣洪承疇祖大受見清主。陳請兵滅敵狀。清主許之。乃又以書復父曰。

不肖男三桂泣血百拜親父大人膝下。兒以父蔭。熟聞義訓。得待罪戎行。日夜勵志。冀得一當以酬聖眷。(醜)屬邊警方急。寧遠巨鎭爲國門戶。淪陷幾盡。兒方力圖恢復。(醜開關迎清師者誰人歟)以爲李賊猖獗。不久卽當撲滅。恐往復道路。兩失事機。故暫稽時日。不意我國無人。望風而靡。吾父督理御營。勢非小弱。巍巍百雉。何致一二日內便已失墜。使兒捲申赴闕。事已後期。可悲可恨。側聞聖主晏駕。臣民戮辱。不勝眦裂。猶意吾父素負忠義。大勢雖去。猶當奮椎一擊。誓不俱生。不則刎頸闕下。以殉國難。(咄何如自身爲大清國平西王)使兒縞素號慟。伏甲復仇。(所伏者何人之甲乎)不濟則以死繼之。(尙有王爵福分十數年何能死)豈非忠孝媲美乎。何乃隱忍偸生。甘心非義。既無孝寛禦義之才。復愧平原罵賊

談叢

之勇。夫元直茌苒爲母罪人。王陵趙苞二公並著英烈。我父嚄唶宿將。矯々王臣。反愧巾幗女子。(噫罵父乃至此乎我不忍聞斯語也)父旣不能爲忠臣兒亦安能爲孝子乎兒與父訣請自今日父不早圖雖置父鼎俎之旁以誘三桂不顧也。(忍心人哉凡爲英雄者必多情情至于父子而極矣而忍于出此斯其忍于國忍于民抑亦意中事矣此種忍人吾恨不手刃之) 男三桂再百拜。

杭州教育會開辦簡章

定名

第一條　本會設於浙江之杭州係由杭人及各地人在杭者公同組織之故曰杭州教育會

總則

第二條　本會以聯絡各學堂研究教育之普及改良爲目的

第三條　本會範圍以教育界爲限凡教育界以外事概勿置議

第四條　本會所負責任如建設學校及圖書館體育講習所編輯教科書教育雜誌類皆目前急切應辦之事

事件

第五條　本會建設各事凡屬會員皆有應盡之義務應享之權利

會員入會例

第六條　會員不限籍貫凡合本會之趣旨者皆得入會

第七條　會員年齡限十六歲以上

第八條　願爲本會會員者須有本會會員二三人以上之紹介並經總幹事認可始得入會

第九條　本會無入會費

會員出會例

第十條　本會會員如有意見不合自願出會者須將出會之理由告知總幹事由總幹事告知書記除名以前已繳之捐資不得索還

第十一條　本會會員如有損壞本會名譽及個人私德者經幹事察出或由會員舉發（惟會員須有三人始得提議）皆得於例會時提議輕則勸諭重則除名除名後所納損費不得索還

名譽贊成員

第十二條　會外人如有協力贊助爲本會謀公共之利益者應公推爲本會名譽贊成員

職　員

第十三條　本會開辦伊始暫時不立會長

第十四條　本會公舉幹事員六人分掌會計書記庶務各事

第十五條　本會置總幹事一人主掌本會全部事宜

第十六條　幹事員由衆會員中選出總幹事員由幹事員每月輪流充當不另選

第十七條　幹事員每任事半年改舉一次其有辦事妥協允愜衆心者得再舉連任

經　費

第十八條　本會經費以會員擔任之會員捐欵分特別通常兩種特別捐無定數亦不永遠持續（特別捐除創辦外當存爲本會基本金）通常捐分甲乙二等甲

事件

等月納一圓以上乙等月納大洋半圓學生無論甲乙等皆減收五成願多捐者聽

第十九條　會員月捐分四季繳納於各季首預繳

會期

第二十條　每月開幹事會一次

第二十一條　每季開大會一次幹事員於夏冬二季大會公舉之

附則

第二十二條　本會事務所暫設於杭州下城頭巷

第二十三條　自本章程發表後願入會者請於半月內至事務所報名註冊以便定期開會公舉幹事

雜錄

東報隨譯

◉處置支那論

今日時局問題中變換離奇可珍可驚者孰有甚于東三省問題乎觀世間評論一而再再而三類皆贅述陳言耳日本之政治家每於目前時局問題固莫不熱心頓起議論沸騰然對百年之經綸罕有深思熟計者夫不思百年大計徒決目前一二政策者吾敢斷言其必無效也

在當日維持支那之說頗行於世然吾現支那觀狀決非可維持也蓋大厦之將傾豈一木所能支乎以支那土地之廣大國勢之腐敗雖竭日本全力以維持之恐終無濟也故吾於二十年前曾倡瓜分之說載之報章大旨謂支那之風俗人情渙散不群決非能成一統國者也而不意大受世間之攻擊然吾說果爲其攻擊矣而彼妄倡維持說欲扶殖其獨立者其能奏功否耶

夫支那既不可維持而又妄倡同文同種以求其歡心者有何异宋襄之仁乎然以此行之于形式政略上而籠絡之漸使其就我範圍則亦無害也雖然昔日本維新前長州之長井雅樂倡公武合體論主張調和朝廷

雜錄

與幕府然此公武合体論畢竟如水火之不相合窒碍難行蓋欲扶殖幕府則當阻遏朝權欲伸張朝權則宜覆倒幕府事豈有兩立耶吾觀今日情形亦猶是耳

然而欲扶殖支那獨立不可不抑制各國在支那之擴張利益勢力否則支那國土必日益凋敝吾人能潤其一杯羹耶若今日之强暴俄人以東三省爲己有而彼英法德美亦將乘勢大謀擴張其利益圈而吾日本又烏可不速佔福建或別地以經營之耶

今吾甚不解吾日本之政治家眼光何如是弱耶罔知百年經綸徒拘拘評論于目前問題何冒昧若是耶然要之東省問題宜先計支那之運命如何處置如何不此之務恐徒勞而已是以吾敢正告我日本政治家曰對于內勿誤百年之大計對于外勿任各國捷足先得支那大陸之利益也可

●美之排斥黃色人種

移民拒絕法始施之于支那人至昨年五月漸達有効之期而昨春之議會復得大統領之認可更行繼續矣夫據其法文則謂凡支那人不問其爲支那帝國之臣民與否又仍居留于合衆國與否一切禁其入國而猶恐其祇限于本國不足以保國外領地于是又加一條新法謂此法律凡合衆國外之屬領地皆得施行之也嗟嗟此何舉動此非美之排斥黃人手段之起點乎雖然黃人不僅支那人而日本亦黃人也故充其量行將及我日本不觀夫前會期之上院討議移民法時欲倣澳洲之自外國渡來之移民先施以歐洲語之教育試

驗以爲排斥日本人之條項乎幸而下院削除之而未實行而今期之議會不惟提出前之條項爲一法案而已又提出以施于支那人之入國拒絕法爲適用于日本人之法案也然則此法案一成立則渡航美國之困難不待言矣即將來爲日本人最有望之出稼地之檀香山亦將被其禁絕矣（現在檀香山之日本人有六萬五千而年年航至彼土者約有一萬人以上云）

然吾日人之在黃人中非若支那人之奄奄無聲息如弱虫而不敢與外人抵抗者也故一聞此議案後即集居留于檀香山之日人聚議促我駐美公使請其竭力設法以否決此等法案盖此事之關係不僅直接影響于我國之利害不尠而已即于國體上言之以卑鄙齷齪之支那人與吾日人同處此等法案之內可恥孰甚哉且此歐洲語試驗及拒絕法適用二案以吾輩預測之希望言之本欲其結局否決者也而不知近來美之議員中排斥黃人熱度愈高兼欲得自國勞働者之歡心則其表贊成于此等法案而使其意外通過者亦未可知也然則駐美外交官又烏可不執適宜之處置以保我國體哉

◉日本在支那之經營事業

支那之得稱爲國者非自其全體人民有共同扞衛國家之能力而組成之者也不過個人自生自滅之一塊大陸而已故其人民無國家之觀念而不論何族皆得據其土奴其人創造政府以布其政令者也嗟嗟此支那之所以不待三稔五稔而即將陷于宰割之境乎夫宰割支那大陸之政策吾知其必能實行而樓息于此

雜錄

一塊大陸之人民決不有稍存抵抗之心者驗其歷史察其人情不待龜著也然當宰割之前不可不預爲佈備否則臨渴掘井徒呼機關之不靈則又安得不落人後耶

經營支那事業之最不可缺不可緩者則設立日清銀行是也夫銀行者經營事業之金融機關也金融機關一成立則若維持既得權利擴張勢力範圍自福建經浙江囊括南清一帶地莫不唾手可得矣而發達內河航路鐵道鑛山及其他開鑿事業運輸事業等猶如分布枝葉而綽綽有裕也謂予不信請觀俄清銀行夫俄今得據滿洲土地爲己有者非由設俄清銀行後而漸布其勢力以收今之局面乎故余敢斷言曰日清銀行不設立則經營支那事業決不能擴張經營事業既不能擴張則當列强分割支那之際雖欲不落人後亦不可得矣

敬規浙江人

醒狂

讀書幾年。方識一是。湧血灑淚。欲有所爲。而今已矣。中國眞瓜分矣。於乎父老。吾欲有言。夫中國肇基四千餘禩。朝家興亡。塡盈歷史。然覆於異族者數數。而亡於殊種者。未聞。比年熱誠志士。振風雲推潮流。發大聲於海上。表寸心於隻紙。亦將以挽頹波而支狂瀾。悲夫。徒然矣。中國無望於楮存矣。雖然吾豈遂能無望於我父老哉。夫今日者。覆巢毀卵之際也。曩年報章騰說。曰有形瓜分無形瓜分。百千萬言。敝口焦舌。父老則曰。此新黨之訛言也。漠然置之。不一攖其喜戚。而自甲午迄癸卯。亦居然安居宴食十年去矣。而我父老遂益以新黨之言爲無徵。且益輕新黨。賤新黨。唾罵新黨。排詆新黨。夫薰蕕共器。良窳同呈。新黨未必咸善類。又未必皆不善類。決擇之

雜錄

識固操諸父老耳然吾聞狂夫之言聖人或取父老姑舍其人而評其言言而是也雖出於庸人不敢以爲非言而非也雖出於孔子不敢以爲是此固龍場講學之得力語而父老宿昔諷詠且以詔子勉弟者抑於乎今日者覆巢毀卵之際矣吾借浙江潮而告父老夫浙江潮報章類也新黨之所組織也吾借之以發言父老謂吾新黨吾固認之即謂吾新黨之不善類吾不認而姑認之吾所冀者父老之一閱吾言耳夫吾浙者文之藪義之淵古且不徵自明季夷凌奄禍以來迄於國變吾浙讀書君子以義烈聞天下若可數者則張國維熊汝霖費彥方徐世淳汪喬年丁乾學魏大中黃尊素倪元潞施邦耀吳麟徵周鳳翔吳甘來許文岐吳爾壎徐石麒劉宗周祁彪佳王思任陳潛夫嚴覺溫璜祝淵而女桀如沈雲英庶幾以身殉道吾浙有焉且此猶傳者也彼荒郵窳谷窮鄉僻里引節自裁聞風興起聲名不彰與螢等腐十伯於上列諸君子之數夫豈無人矧若黃太沖諸子誓身不辱高期古人且不願以名顯者更不知幾何人然吾曩昔讀書猶歎齊魯衡湘間其人雖不得居勢位凭尺寸以一逞尙必佩刀挾匕遇大難冒險犯逆不避駭浪洪濤竭百計以抵揞支搴萬

無救策始殉以身顧吾浙自握柄君子之外要於社鼠城狐之際出平日讀書得益之力環帛自縊仰藥引決或則逃竄深山援節自高或則髡髮披緇流伍釋氏夫不惜以一死下從龍比雖捐妻子棄祿利而不悔此彖彖者所難能而士君子當樂道之矣然吾以爲錢唐江上伍相國不足濟姑蘇之危揚子潮頭淩御史亦奚救有明之殄士所貴於天下者爲能排患難而拯危亡也徒以一死謝咎則縱令溝壑塡屍江河流血遂足以對天下兆民下覲黃祖而忝無愧於九京哉雖然世固有藉有待乘時之名留身觀望初也捐身不屈韜匿姓氏借以自昇庸儒逮夫歲久年遐鬢眉易色齒牙掉落斯志不遂卒之老病苦死無殊俗子縱其志可以質皇天而盟后土然後之讀史議其事鏡其心者不過爲之撫膺一息毋以勵後生之銳作來茲之氣更不若以一死燭心者遠矣而此尤上焉者也至乃假聲遭會陰濟其欲甘辱下寮樂從牧圉偕奴僕以取媚等婢妾而獻體一旦得志稍稍與勝國遺流聊爲粉飾遂詡然自命救民若魯齋草廬之儔其肉雖狗彘不食者矣若夫陳漂陽錢虞山者寄籍東林側身復社初何嘗不矯然自异奸儔可掬丹心銘日月者與及於變起禍生

雜錄

不能引決自裁一縷恥心掃地以盡其卒也遂不惜倒行逆施舉前日假面俄頃而揭之於乎吾嘗讀汪氏有典史外之言曰抑予聞豫王之下江南也赧皇東走少保兼太子太保總督京營戎政忻城伯趙之龍自署掌都察院事兵部右侍郎李喬太子太保禮部尚書兼文淵閣大學士蔡奕琛太子太保禮部尚書兼翰林院學士錢謙益等首率從官公侯伯駙馬數十百人爭先納欵郊迎數百里時大雨如注匍匐泥淖中王前導過麾之不敢起王過馬蹄蹴踏復不敢起得王命叩頭呼萬歲而後乃起於乎義烈之盛至明季而駕往古矣廉耻之喪至明季而亦益甚矣雖然吾痛往者吾念來茲夫今日者覆巢完卵之際也諸父老既未嘉謨嘉猷圖之於曩昔而吾黨小子又寸柄無握況自戊戌以來新黨之受唾詈排詆亦甚矣宮闈草野又疇信新黨疇用新黨今日得能組織一報章剏辦一學社已瘁躰竭力而猷之矧乎其他抑今日雖學校徧設報章羅布亦何救於中國之瓜分矣吾亦不敢引有待乘時之名偸生旦夕何也甲午以來無一日非吾儕致力委身之日而顧逡廵至於今日猶仍故我要自曩至茲莫不由於尺柄不得留身有待之一意然曩昔瓜分說騰而

瓜分事綏今不然矣水沃身火燃眉而猶曰有待有待吾不知將待至何時矣於乎士子讀書一世而其得力結果之日即遭變致命之時千古忠臣烈士莫不於其死也徵其平日讀書之底蘊不然陸澄者徒有書厨之誚耳安足珍哉於乎父老吾今日敝口舌勞手腕而爲千百言以敬規父老者吾舍他求吾惟稽首頓首以祈我父老父詔其子兄勵其弟夫勉其妻朋規其友一旦國變警傳外人攔入幸勿效吳許而則陳錢上以貽祖宗之恥下以召後世之譏經不云乎臨難毋苟免夫歷史所載義烈之儔忠貞之夫俠節之士膺後人之崇拜雖千百世讀史者猶欷歔讚歎爲泣數行要其召致之者臨難不苟免而已父老父老幼受庭訓長從師誨讀聖賢書所學何事矧夫瓜分奇辱我中國肇基以來未之前聞以有明之亡義烈之風猶若是之盛丁此大慘甯忍偸生縱愛一身遂忘宗祖我知父老甯效瞿史之殉身不爲夷齊之食薇矣抑人誰不死而所重者若泰山俄頃之間立辨孔跖寅死待卯遂爲辱身毫厘千里不容間髮於乎瓜分後辱人可臆測寸聿隻紙吾難盡數惟我父老圖之。

雜錄

汝是明朝進士
頭戴紗帽身穿圓領
來做清朝知縣
羞也不羞醜也不醜

瑣談片片

奇怪人種　新哥衣諾亞地方。蔽以瀦澤。舟筏不通之處。常有結草舍於木上。如猿援木而飛行。絕不步行之人種。棲息其間。此人種貌類猿。脚部短少。現英國人類學家。擬前往探察焉。

目之代用機器　邇來有斯豈斯教授。新創明一機器。其構造能令盲人中樞神經生視覺筋。助觸感力。省識外界各物之勞。一瞬間能明四圍事物。據目擊斯氏試驗格思博士之言。謂某日入暗室。教授加金屬線一端于博士頭上。覺發微光。忽見身旁有物。乃刹那電氣流通腦髓云云。此新器意匠類電話。有此妙具。加惠盲人。非淺鮮矣。

人造大理石。　丁抹國所產大理石。極爲稀少。常有供給不足之慮。現有一化學家。發明一製造法。其造法雖尚不公世。然據其所言。頗形簡單。僅須資本金三百五十圓。得起一製造所。而所造大理石之耐久力。與眞者毫無差別。其價則少眞者十分之一云。

人壽短少之原因　俄國之醫學博士。就『人種能保幾何之壽命乎』之問題。積多年之經驗。而斷言將來之壽命。謂可至百四十歲。博士謂今之所以早死者。由於生活不宜。及祖先所遺傳之惡性。及体內存有不用之機關故也。如盲腸之端。常致招病而死。且老年之死。往往由內部細胞之衰弱。若能强壯其細胞。除去其

雜錄

不用之機關。則人壽之可至百四十歲必矣。

世界最小最大之畫　稱爲世界最小之畫者和蘭國畫家所作之風車圖也。其圖中有車一輛。馬一匹。農夫三人。畫法極精細。一見卽可知其爲風車圖也。其大恐僅以一粒之麥足覆被其全体。若言最大之畫則莫如法皇宮中之極樂圖。幅八十四呎。高三十四呎。又一畫屏長百三十三呎。幅四十三呎。其大可知矣。

加煙於赤子　中央阿非利加之西。其人民凡於嬰兒生後五日。以煙草之煙。吹向嬰兒。蓋謂嬰兒一經此煙。則成神聖。而惡魔遠去。相傳成習。今尙存焉。

世界之吃煙國民　世界之吃煙國民。以和蘭爲第一。彼國民每年一人平均消費煙草百温司。其次比利士人。每年一人八十温司。其次土耳其人每年一人七十温司。其次美人。每年一人六十温司。再其次爲德法西班牙意大利諸國民。均無差等。最下者爲英國民。每人平均不過二十三温司而已。

世界最老之女郵便局長　世界最老之郵便局長。爲英國改篤兒登郵便局之女長呵司孃。身長僅三英尺九英寸。而年齡已七十以上矣。

置嬰兒于灰中之習慣　熱帶地方之居民。養育嬰兒。常不覆以衣服。任其裸體長成。而南洋墺洲土人及非律賓群島之土人。於寒冬所生嬰兒。因防寒常覆以温灰。亦可知各地風習之不同也。

小說

少年軍（三）

喋血生

秋染紙窗。萬籟岑寂。仗劍危坐。豪氣磅礴。偶讀囂俄哀史。咄不料法蘭西第二次驚天動地大革命中。竟含有少年軍一隊。爲國史增光也。夫法蘭西果世界公認爲產革命血地。無貴無賤。無老無少。無男無女。靡不含有革命思想。然而最奇特者。莫如哀史所記少年軍。其事爲妙齡學生六十九人一軍隊。飈然負愛國重任於肩上。抛無量汗血與巴黎府兵鏖戰。壯烈鬼神泣。悽惋人斷腸。可以起懦夫。可以辟魔鬼。嗚呼雄矣。一讀浮一大白。

『自由！平等！不然死！』『自由！平等！不然死！』『諸君各以爾祖宗父母兄弟姊妹一滴血紅而青年革命旂』咄是法國少年訓。是世界愛國訓。

巴黎籠城矣。爾等小兒亦來奪我衣食飯碗。爾等雖我同胞。我不能不磔殺爾等。渺渺青春。爾等區區學生。爾等六十九人。亦革命令不得不盡我搏獅搏兎全力集警

視隊憲兵隊各旅團以十重廿重圍爾等革命仇人於堡壘中巴黎籠城矣沉沉復沉沉我學生我青年何懼爾蠻武我愛國性成自由如命何畏爾壓制

血旂高綴搖々落日裂帛一聲彈烟硝霧間飛丸如雨雹學生隊長英武士（巴黎大學哲學科卒業生年二十四）始以神光烱烱之眸子注視敵軍而下警令曰毋徒費彈藥敵近乃擊神彩飛揚手握赤色令旂右揮左指忽焉大旂被飛彈折覺人叢中驟有聲曰『旂！自由之標幟！旂！獨立之先聲！』勿可折勿可折吾特來捧而旂咄嗟『誰』『誰』『誰』英武士三呼彷彿一人影已由隅暗中飛出而直立于六十九人之面前六十九人之視線直注于一人影誰阿一誓與巴黎大學共生死之灌園叟馬畢八十九齡之老壯士今亦拋十八年培花植草神聖生涯而來與聞革命事

時則馬畢已拾起墜下之血旂捧立于紅雨珠跳中而六十九人之少年軍愈不敢不奮愈不敢不勵馬畢復曰非示吾威于敵不足以警吾今升堡壘絕頂使吾血旂

獨表于世界之上乃梯而登嗚呼敵軍嗚呼少年其亦見恍惚類自由神銅像之老壯士敬煞愛煞我少年六十九人施禮脫帽施禮

大風飄忽落日慘淡上天下地無量黑闇然終不得掩鬢髮雪白眼珠深凹左腕鷹揚右手指揮光焰滿丈屹然不動之老壯士瞻其風彩反令六十九人之少年戰慄噫馬畢其神其鬼其人滿塲轉沉寂

雖然敵人視此極頂手執血旂之怪物不敢不敬以千萬快鎗而馬畢偏屹然不動喃喃頌禱曰『自由！平等！不然死！』萬籟岑絕除敵無心馬畢獨當于救護與殺戮之中間忽忽黑闇叢中魔焰萬丈彈丸交迸馬畢猶喃喃頌禱曰『自由！平等！不然……』呀刹那間而六十九人最崇拜最親愛之馬畢足仰天而下墜死矣死矣傷心哉吾馬畢鮮血交迸爲自由平等而浴少年急擔其屍而置于甲帳下噫欲奠以血淚何如已枯徒豎髮切齒環視其旁英武士乃跪接其吻而以凛々之聲告少年曰

諸君聽哉馬畢是長老而與少年之模型也嗟嗟吾踟躕湶果决吾黨退卻而後

渠獨突進而前大無畏大無怖壯士死壯士之靈魂生有血性男兒當如此有生气國家當如此吾黨見愧于馬畢法蘭西大國見愧于灌園叟

嗚呼是夜一千八百三十二年六月三日鉄圍中六十九人妙齡學生六十九人革命健兒劒气重生鼓聲震處乃爲自由平等發揮莊嚴璀璨之光

記者曰法蘭西少年革命軍眞令人不敢不怕不敢不敬之一軍團也彼等如燭龍現則黑闇而皆光明沒則光明而皆黑闇然則怒潮特發當頭一捧使閱者悶且气竭要之彼等果何爲者耶彼等果何爲而起耶一千八百三十二年法蘭西國之一好產物吾不敢絕無說明辭以告國民

然則欲知少年軍之歷史請先審法蘭西當時之大勢

勃休爾之寃獄毀矣（一千八百三十二年）滑鐵盧之聯軍勝矣（一千七百八十九年後）推倒一世豪傑獨呈二十年奸雄之拿破崙第三且雲散而泡滅矣若查魯十世從弟路易腓立布徒造成恐怖而對國民叩首求饒命更爰論哉雖然史氏之眼光皆爲革命家整擔之頭顱斗量之汗血實足以辟易之臆誠是矣不過革命者

非徒破壞而無建設之爲革命實隨破壞而隨建設之爲革命吾讀法蘭西史心醉革命而尤心醉乎一千八百三十二年之所謂七月革命七月革命之革命隨破壞而隨建設之革命也其原因鑄于政治希望的而結果發乎社會主義的吾敢以一言相承認曰一千八百三十二年之一年是法蘭西有史以來研究社會主義者實行理想最名譽之一年而亦鞏固革命機關成功之一大紀念年也謂予不信請讀恐怖時期之歷史

是拿破崙第一之雄氣旣隨孤島潮聲俱死而路易十八復登苦惱王位（一千八百十五年維納會議前後）時則法蘭西恐怖時期之幕大開通國渴望唯曰平和！平和!!捨一切大事業大智慧大冒險進取心而純以苟且因循塞責何如愈求平和愈增禍祟風雨如晦病榻相顧凶荒變徵一息僅存旅行十里未見炊火五尺之兒色菜腹鼓聯軍四駐國債累累以苟且因循求平和之朕兆日見一日於是上至縉紳先生下至屠沽走卒莫不重申盧梭福祿特爾天賦人權優勝劣敗之舊說而聚相議曰如何而可除社會之飢餓如何而可得人權平等如何而可使眞平

和永久相繼續於是人權會上乃有恐怖的臨時提議而前者希望政治的精神乃全注重於社會主義當時問題列後

◉第一問題致富 (To produce wealth)

◉第二問題富之分配 (To distribute wealth)

▲第一項含有勞働問題

▲第二項含有賃金問題

▲第一項以勞力使用法爲疑問

▲第二項以快樂分配法爲疑問

◉由善用勞力法而得公共權力 (public power) 之結果

◉由快樂的正當分配而得個人幸福 (Individual happiness) 之結果

◉由二項問題之結合外則爲公共權力內則爲個人幸福而社會之繁榮乃磅礴鬱積而靡涯

然後知七月革命後國內不因鋒刄之苦反增經濟勃興之現象者實此二問題爲

社會主義之左右力革命之魂鑄造文明之機械也法蘭西國史之所以有一千八百三十二年之一年其亦原因于此乎嗚呼神聖！嗚呼畏敬‼嗚呼仁慈博愛!!!

吾今爲之高唱曰是法蘭西國民大事業

夫以社會主義而轟動革命者果一千八百三十二年之一年而造成此一千八百三十二年之一年者爲恐怖時期而當此一千八百三十二年之衝者則爲傀儡路易腓立布

（未完）

小說

嗚嗜獨滅虎狼秦
俎上肯貽天下笑
等閑輿地分强敵
如此殺身猶灑落

絕世英雄生有眞
座中惟覺沛公親
慷慨頭顱贈國民
憐他功狗與功臣

斯巴達之魂（續第五期）

自樹

長夜未央萬籟悉死。噫、觸耳膜而益明者何聲歟。則有剝啄叩關者。少婦出問曰。其克力泰士君乎。請以明日至。應曰否否、予生還矣。咄咄、此何人。此何人。時斜月殘鐙。交映其面。則溫泉門戰士其夫也。

少婦驚且疑。久之久之。乃言曰。何則……生還……汚妾耳矣。我夫既戰死。生還者非我夫。意其鬼雄歟。告母國以吉占兮歸者其鬼雄。願歸者其鬼雄。

讀者得勿疑非人情乎。然斯巴達固爾爾也。激戰告終。例行國葬。烈士之毅魄。化無量微塵分子。隨軍歌激越間。而磅礴戟刺於國民腦筋裏。而國民乃大呼曰。爲國民死。爲國民死。且指送葬者一人曰。若夫爲國民死。名譽何若。榮光何若。而不然者則將何以當斯巴達女子之嘉名。諸君不見下第者乎。泥金不來。婦泣於室。異感而同情耳。今夫也不良。二三其死。奚能勿悲。能勿怒。而戶外男子曰。涘烈娜乎。卿勿疑予之生還也。故有理在。遂推戶脫扃。潛入室內。少婦如怨如怒。疾詰其故。彼具告之。且曰前以目疾未瘉不甘徒死。設今夜而有戰地也。卽灑吾血耳。

少婦曰。君非斯巴達之武士乎。何故其然。不甘徒死而遽生還。則彼三百人者奚爲而死。?噫嘻君乎不勝則死。忘斯巴達之國法耶。以目疾而遂忘斯巴達之國法耶。『願汝持盾而歸來。不然則乘盾而歸來』君習聞之……而目疾乃更重於斯巴達武士之榮光乎。來日之行葬式也。妾爲君妻。得參其列。國民思君。友朋思君。父母妻子無不思君。嗚呼。而君乃生還矣。

侃侃哉其言。如風霜疾來。襲擊耳膜。懦夫懦夫。其勿言矣。而彼猶囁嚅曰。以愛卿故。

少婦拂然怒曰。其誠言耶。夫夫婦之契。孰則不相愛者。然國以外不言愛之斯巴達武士。其愛其妻爲何若。而三百人中無一生還者。何……君誠愛妾。曷不饗妾以戰死者之妻。妾將娩矣。設爲男子。弱也則棄之泰噶托士之谷。強也則憶溫泉門之陳迹。將何以厠身於爲國民死之同胞間乎……君誠愛妾。願君速亡。否則殺妾。嗚呼。君猶佩劍。劍猶佩於君。使劍而有靈。奚不離其人。奚不爲其人折。奚不斷其人首。設其人知恥。奚不解劍。奚不以其劍戰。奚不以其劍斷敵人頭。噫、斯巴達之武德其式微哉妾辱夫矣請伏劍於君側。

丈夫生矣女子死耳頸血上薄其氣魂魂人或疑長夜之曙光云惜也一應一答一死一生暮夜無知偉影將滅不知有慕涘烈娜之克力泰士者雖遭投梭之拒而未能忘情者也是時也彼乃潛行牆角以去。

初日曈曈。照斯巴達之郊外。旅人寒起胥駐足於大逵。中有老人。說溫泉門地形。雜以往事。昔也石壘今也戰塲。絮絮不休。止噫何爲者則其間有立木存上書曰。

有捕溫泉門墮落武士亞里士多德至者賞上賞。

蓋政府之令而克力泰士所訴也。亞里士多德者。昔身受迅雷。以霽神怒之賢王。而其餘烈乃不能致一士之戰死。咄咄不可解。

觀者益衆。聚訟囂囂。遙望斯巴達府。有一隊少年軍。鎣甲映旭日。閃閃若金蛇狀。及大逵。析爲二隊。相背馳去。且抗聲而歌曰。

戰哉此戰塲偉大而莊嚴兮爾何爲遺爾友而生還兮爾生還兮蒙大耻。爾母笞爾兮死則止。

老人曰。彼等其覓亞里士多德者歟。……不聞抗聲之高歌乎。此二百年前之軍歌也。迄今猶歌之。

而亞里士多德則何如。史不曰浦累皆之戰乎。世界大決戰之一也。波斯軍三十萬。擁大將漠多尼之屍。如秋風吹落葉。縱橫零亂於大漠。斯巴達鬼雄三百。則憑將軍柏撒紐。以敵人頸血。一洗積年之殊怨。酸風夜嗚。薤露競落。其竊告人生之脆者歟。初月相照。皎皎殘尸馬跡之間。血痕猶溼。其悲婕爾飛神之不靈者歟。斯巴達軍人。各覓其同胞至高至貴之遺骸。運於高原。將行葬式。不圖纍纍敵屍間。有凜然僵臥者。月影朦朧。似曾相識。其一人大呼曰。何戰之烈也。噫。何不死於温泉門。而死於此。識者誰。克力泰士也。彼已爲戍兵矣。遂奔告將軍柏撒紐。將軍欲葬之。以詢全軍。而全軍譁然甚詒。亞里士多德將軍。乃演說於軍中曰。

然則從斯巴達軍人之公言。令彼無墓。然吾見無墓者之戰死。益令我感。令我喜。吾益見斯巴達武德之卓絕。夫子勗哉。不見夫殺國人媚異族之奴隸國乎。爲諜爲倀。又奚論。而我國則寧棄不義之餘生。以償既破之國法。嗟爾諸士。彼雖無墓彼終有斯巴達武士之魂。

克力泰士不覺卒然呼曰。是因其妻渙烈娜以死諫！陣雲寂寂響渡寥天萬目如炬齊注其面將軍柏撒紐返問曰其妻以死諫？全軍噤唖聳聽其說克力泰士欲言不言愧恧無地然以不忍沒女丈夫之軼事也乃述顚末將軍推案起曰。

猗歟女丈夫……爲此無墓者之妻立紀念碑則何如。軍容益莊惟呼懽殷殷若春雷起

斯巴達府之北侑洛佗士之谷行人指一翼然倚天者走相告曰此渙烈娜之碑也亦卽斯巴達之國。

（完結）

不拚一死報封疆
忍使湖山牧虎狼
當日本爲妻子計
而今何面見三光

小說

雌雄蜥

喋血生

佛說幻境眞理境。一切唯心造。讀雌雄蜥一案。而知天下怪怪奇奇事。皆由庸人自擾。無足驚駭者矣。

秋高烟碎。紅葉滿坡。出羊城紆廻行。過石燕湘濱。長板聯橋。寒鴉唶樹。古稱秋游勝地。會逢好晴。必鬢屐雲萃。橋之東南。青紅圍繞。缺處露出粉白堊墻。游人多指之曰此冶劍廬。鬼魅之區。雖未爲墟。而已易姓數數矣。今且鵲巢鳩占。爲某西人廉值購去。備爲游子休息之需。詢諸鄉父老。不能數建造者之姓氏。惟雕梁畫棟。鬬角鈎心。樓閣高凡五層。庭園松菊。蓴菜生池。奇石苔深。濘泥不可上。古香古色。結構亦頗不惡。惟居停多不利。橫死奇變。層生迭出。最著者爲曩年某公子。藏嬌別墅。未數月而與戀人同縊於薇花樹下。眼耳鼻舌。均已刮去。緝訪至再。而終不得究竟。於是里人大譁。群稱夜々鬼魅爲崇。無復有問津者。久之有粤東大賈昌鴻壽。治裝來游。說里人而賃之。爲一枝娛老計。復鳩工建造洋樓數座。以爲刀斧殺伐聲。大可辟易幽靈。

居有頃。亦頗無恙。一日某豪貴招之飲。竟夕未歸。翌晨忽聞門外狂喊聲。啓扉往視。則見金紋之車倒置。伏尸狼狽。血肉糢糊。死者爲誰。主人翁與馭夫也。鄉里大怖。訟於官。大索仇徒不得。惟鴻壽無嗣。細君亦早逝。其案乃支吾而結。

先是鴻壽有內姪曰松筠。少孤而豪邁。不自謹。讀書不成。棄而學賈。一母一妹。婺而無依。至此群議以伯氏遺產義歸松筠。迎眷屬而居焉。松筠不耐賦閑。絕裾去。寒暑凡七閱。忽歸。黃白粲然。羅列滿堂。居然爲財神。鄉黨咸來問訊。始知松筠曾挾伯氏遺產千金。游滬濱。揮霍殆盡。漸且落魄。傭於美利堅一商人家。旣歸松筠。從之遂旅美。爲葡萄酒廠傭工。盡得美釀之術。江湖販賣。驟致巨富。然豪邁之性。終不易。日與西友梭齊氏手談摴戰爲樂。有勸之治產者。松筠笑曰。花一時。人一世。及時行樂耳。鄙人實不堪效賣李鑽核之風。爲子孫作馬牛。日得良友清談足矣。蓋梭齊爲松筠契友。締交於美利堅。偕來游歷者。松筠以少年多財。行儀日亂。漸作狹斜游。狐朋狗類。日盈其門。獨梭齊規過諷善。兢々無稍怠。松筠漸厭之。淫蕩日甚。復溺娼婦秦月憐。非眠食與俱不爲歡。春秋指顧。除夕至。適松筠迎月憐於桃葉渡頭。乃大集賓朋。開忘年會。作長夜之飲。盃飛箸躍。蝶舞鶯歌。神彩與燭龍相掩映。一時奢華豔絕。眞令局中人一樽未竟心先醉矣。漏三下。風雪大作。驟成銀世界。座中興愈濃。遺時曉鐘遠鳴。寒鷄報曙。來賓皆醉。松筠亦酩酊扶月憐去。是時暖室生春。芙蓉帳裏長樂未央。未幾紅日曈曈上。一片銀沙。變作桃花襯粉。婢僕收樽滌器。賓客酣臥如猪羊。忽聞內室鼓噪。鴉飛鵲亂。闔宅皆驚起。驟見一僂婢子。喘汗外奔。連呼主人何在。主人何在。詢之知松筠忽潛失。群輩魂悖魄動。不得已入內室探問。惟見月憐雲鬢蓬鬆。繡襦未整。問其究竟。乃云儂睡初醒。已失郤公子所在。初尙不經意。繼乃見外衣純置架上。諾大冷天。果將焉往。遍問從僕。亦不見公子行踪。司閽人又云昨睡已遲。重門扃未啟也。時則群智盡窮。乃計遍搜院中。雖食井茅厠無遺漏。時來賓有西醫田吉安者。與松筠交最稔。故皇急殊甚。忽曰何不見棱齊。并亦忘其所在。語次群大恍悟。遂急奔往追問。原來棱齊之室甚僻遠。相隔如別一洞天。至則見双扉未啓。瞰之惟殘燈熒然。爐火殷紅。棱齊正酣睡。聞扣門聲始驚起。乃拔鍵迎客。衆詰以松筠何在時。棱齊尙睡眼朦朧。乃操英語答曰。吾未終席而先遁。惡知之告以潛失原

小說

委始大錯愕問群輩搜尋過未答曰已梭齊左思右想乃曰予室之右有荒園曾未往視耶衆聞言視線盡射於梭齊乃委之先容而往惟見怪石迎人凍鳥驚飛池水氷紋偶有碎痕長徑丈衆始譁然以爲松筠必溺水中雖不及見底細視彷彿有黑影衆客解衣跣足恨不從井救人田吉安忽叱衆議曰毋躁水中黑影決非松筠也諸君請觀遍地凝雪未融苟有人來能無足跡耶聞言衆心如澆冷水梭齊亦曰果然可用一長竹梢試之是人果軟也何如投之鏗然乃一塊被雪壓倒之假山石耳衆復茫然梭齊忽寒戰連呼好冷好冷回顧已身僅着絨衣蓋忽遽隨往而未及穿外衣也於是辭衆先歸群客亦次第還座有頃梭齊復至方語吉安曰恐松筠決不在室中不如就廬外……言未終內室忽又大噪聲更烈噫松筠其獲見耶否否一波未折一波又起趨視之乃月憐被刺而死矣怪極怪極吉安乃持其能醫急命侍者解衣驗視惟胸部血涔涔未止屍身如一樹穠花倒地按其形勢雙足外向似將外往而被仇人突刺決非自死且傷痕在左部乳下按以指則堅硬異常係銳利七首所刺用力過猛而刄鋒折留胸中者梭齊乃語吉安曰如是罪人必藏悪室中不

然豈崑崙奴猶在人間耶何如愛妾既死恐主人亦不能生還諸君既乘輿而來須待水落石出方可歸去料君子亦不願受此嫌疑也且與吉安商斟詳緒始末以稟地方長官兼議棺殮月憐吉安皆首肯然沈沈獨思覺無所表白終無以對故友忽頓足曰松筠既無後苟傾盡遺產定能破茲奇案吾有老友法蘭西名偵探律月氏盍電商之授意於衆智者不答愚者又喘喘道凶宅之說不休且云歷來怪事地方賢長官且不能破況一人地生疎之洋人何能知之獨棱齊多方慫恿吉安遂決志致電於滬以要律月行

五日律月乃至棱齊與吉安歡迎之先告以顛末幷道之察看月憐尸偵探乃問松筠別有侍妾否答曰無問婢僕幾棱齊與吉安乃一一導之見偵探忽執一婢子問曰月憐未歸松筠之前曾來侍寢否乎曰侑酒則有之侍寢未也曰然則婢僕中誰來最久乃指一老女僕告之偵探執問曰爾知主人平日有何奇癖答曰無曰酒後有何癖好半晌老婦曰惟主人醉後不論晝夜冷暖好用冷水澡身不知好算奇癖否偵探曰澡身時如要人同往可算奇癖老婦曰不然主人只喜獨行耳曰主人每

寢不休燈乎答曰平時皆休燈獨與月憐睡之夜不休燈耳言竟忽問此室有幾處火爐答云惟洋式房中有之時衆竊笑其言之無稽而梭齊更變色而疑訝私語衆客曰吾美利堅人亦曾見廣識大而未曾遇如此擧動之偵探無已亦姑妄聽之偵探盤究既畢亦不能獻出神通反對衆客曰諸君無事盍歸去於是群始免無形之幽囚而婢僕亦鳥獸散獨梭齊吉安欵洽之日々高歌狂飲儼若松筠之遺產死而無用代爲之設法揮霍焉者尤好擊球日必與梭齊吉安角勝負然二人既傷好友復處艱難無精打彩實不勝其嬲又二日梭齊與吉安不可忍乃詢偵探曰先生得此案之端緒否乎不然死者之支體且腐解矣偵探不待其言竟忽怒而謝曰先生休矣僕不敏不能破此案然哺餟之羞亦不願居也請從此辭乃束裝去雖再三緩頰而終不聽明日吉安以極無聊賴故亦去僅留一老僕與梭齊守此荒宅既三日梭齊不堪岑寂乃含淚揖別故人之廬爲歸國計棄留書於吉安行將乘輪往香港半肩行李甫及船埠忽兩西捕傍面來高喝罪人奚逃梭齊一驚一退漸問曰旅人何罪曰罪僅殺人耳梭齊大怒痛喝曰何得誣人西捕曰毋多言速去速去正扭結

時田吉安亦偕華役來聲稱案已破矣速往對質於是乃茫然偕之行既回冶劍廬惟見偵探撚鬚微笑點頭道大好大好待君久矣梭齊頓足道播弄人如是乎有何證據偵探一揮袖擲出紙包曰請視此何物梭齊開視僅一包黑灰乃狂笑曰此可爲憑乎偵探曰誠然灰不可爲憑惟此是汝殺人濺血衣之燒灰耳今亦不與汝辯汝可速負出死人來梭齊曰苟吾知死人所在早負出矣焉用今日偵探曰然殺松筠夫婦非汝乎答曰我也不知偵探曰休休且至松筠寢室甫入門偵探指板壁曰梭齊請汝自開此門不答偵探畧按機關而天衣無縫之板壁忽變成一門傍觀者皆駭極咄探視之覺空洞無物偵探曰此中暗黑不利行請另易一途於是轉入梭齊室指其火鑪曰此君燒血衣處乎復於板壁間又開一門乃爲梭齊曰可以認罪矣梭齊默然於是偵探乃云速負松筠尸出復取自來火燭之咄一陣冷氣若腥若臭誰阿大索不得之松筠而雯時見矣幸嚴寒故尚未潰右手握一塊碎綢似與人死鬬而捽落者復遍尋暗隅得一柄半折匕首偵探乃指梭齊曰尚認識汝好友否梭齊睜圓眼曰屍身上果有被吾刺死之字樣耶時則偵探乃拍案怒罵曰賤奴徒

爲白種人短氣爾美利堅偉大國民何事爲娼爲盜爾再强辯褫爾下衣爾自知爾是僞男子否奇事奇事梭齊猶不服偵探乃命人解其裏衣怪怪梭齊眞巾幗而丈夫裝者至此乃不鞠而服然梭齊終不屈曰吾美國人非汝所可治罪偵探曰毋憂請一閱貴公使復電乃探懷中電函授之展頁略視約曰

據法蘭西偵探所訟梭齊氏。冒女爲男。謀斃中國人松筠夫婦。如係確實無誣。對質後着交送本使署治罪。

於是無可說辭。乃送之往美公使署。是夜梭齊即縊死於拘留所。遺一片犯罪顚末書。文意云梭齊原姓美麗。名舒敦。本良家子。嫁松筠三載。情甚濃。松筠既歸國。儂不忍賦白頭吟。從之又礙于本國體統。乃易馬子裝。託名游歷來華。爲並棲計。嗟嗟美麗深愛松筠。乘幾萬里之風波。舍幾萬縷之靑絲。投身異國。松筠欵騙美麗。秋風捐扇。別溺愛姬。但見新人笑。那聞舊人哭。雖然。儂亦不敢責松筠之負心。不免自訴情魔之迷誤。美麗妒心難禁。故乘忘年會之機。刀斃戀人。噫。暗室機關。昔日果夜渡鵲橋。而今已鬼門昭穽。然松筠爲月憐而死。儂乃乘僞託增衣之時以双月憐吁。松筠爲月憐死。月憐爲松筠死。美麗死松筠月憐。美麗亦爲松筠月憐死。罪不容誅。情實可憐矣。於是治劍廬凶宅之寃乃雪。

偵探律月氏乃表白其始末曰。予初緝訪是案。僅能擬其爲女子爭風。然詳察各婢僕皆無惡意。及觀內室箱籠整齊。外客果不能細知其輜重料亦不似盜竊案。蓋月憐未死之前。僅云失卻主人。而未曾他言也。及聞醉後澡身一語。予乃決定仇人與主人必舊相識久者。否則不能伺之如是巧也。況月憐是初入候門。故只云失卻主人。而不知其起而澡身耳。松筠每夜休燈。必有曖昧。聊遮耳目耳。後入梭齊室甫坐定。見其頻々注視火爐。且吉安詳語始末時云。而梭齊詢松筠時。見其爐火殷紅。一燈熒然。豈將曉時火爐尙未息耶。心知有異。故特揚言云。室內有火爐幾處。探其隱。梭齊竟色變。遂私竊其爐灰一握。用顯微鏡驗之。其灰確是絲類而有血質。乃指實梭齊是仇敵。然素知彼平日與松筠交甚歡。況一異國人。有何芥蒂。而一仇殺兩命。且月憐係初進門。更有何宿仇耶。兼之梭齊乃是男子。何此案又偏似女子妒嫉所致。於是愈注意於梭齊。觀其舉止。兒女態乃漸露。誘之擊球。其眞形乃現。蓋西洋風

小說

俗。凡男子擊球膝必開。女子擊球膝必並。梭齊不經心時則並。經心時則開。惟尙不知藏尸何處。乃細觀其室隅無纖塵。而松筠室又相似。漸驗出有暗機關可通始決定松筠與梭齊大有糾葛而妒嫉致命矣。毅然致電於美利堅公使。以定其冒女爲男謀死双命之罪。雖然癡迷故生惱淫慾乃招禍雌雄蜥雖毒誰實招之來噬也噫

文苑

祭沈禹希文

太炎

黃帝四千三百九十四年秋七月。△△等謹以清酌庶羞祭國士沈君之靈曰。烏呼哀哉前不見古人後不見來者紛建虜之橫行菹孑遺而爲鲊昔揚靈于洞庭有而農與曾生建黃書而爲律植攘夷以作經粵洪氏之天德撻漢武于胡清列缺辟歷下擊埃䏶兮霿七十二峯而清明旻天罔極爲反爲側破鏡羣翔國藩林翼緊荊楚與珠申覆黃炎以深墨淪三翮六翼使塡泗水兮纓香木靑珠而爲繁勒悼南土之不靈藉國仇而騁力烏呼哀哉荒荒衡嶽岻無卉木兮帝赤熛怒下監而悲傷閃屍元氣死以分離兮鑠鑌銕鏐銀以成光六種震動師子夜姤兮曰聖沈藎初度于沅湘亮不讀書而擊劍兮資三戶以斃秦塊抱關于大別兮龍蛇虎豹坌沓而魚鱗遺夏口之塗地兮吾將馳乎析木之津津方冥冥兮歐滿交捽畢于西跳兮蜩螗羣沸

文苑

假太阿于晳人兮烹干胡而啖其肺何大功之不卒成兮闟叢怨于羣慈虹蜺旬始氛茲黃天兮直北辰之方醉嗟簿進之不償兮慾乾餱而犴狴悲夫丈夫冏烹五鼎兮況犧牲于胤族郤外援于大東兮漆吾身以待三木盲風瀑雨汩集若盧兮杲天民乎是椽蒼鷹擊殿雅烏頭白兮羣馬悲鳴而生角烏呼哀哉政變之獄實隕譚林媚于天囚厥死非禮勤王之敗唐傅是罹爲滿干城剗類則宜今鈞天百神之忘震旦兮方授人以金版賚赤棒于羶胡兮獨芟夷茲姬漢惟夫子之一瞑兮秦皇女媧之魂長往而不返烏呼哀哉不有死者誰申民氣不有生者誰復九世哀我遺黎不絕如系大波相續云誰亡繼重曰支那有人兮君千萬歲像寫良金兮雲之外魂歸來兮淞江介蜺爲旌兮翠爲蓋徑路刀兮繇蘊位犁淸廷兮神哉沛黃帝歸兮鼎湖返兮漢土曼兮度無界烏呼哀哉尚饗。

發大沽舟中和王君原韻　　黑公

昆明刼火浩難收。忽憶仙蹤訪十洲。蒼鷺避人方沒水。蛟龍伏卵正騰秋。神山倒地空留影。大海浮天祗一漚。萬里豈眞鯤自化。茫茫此去又何求。

又　健足生

山海梯航徧五洲。掛飄東海欲何求。劇場觸氏攻蠻氏。時事前漚逐後漚。鵬翼幾曾徵變化。蟪蛄亦自識春秋。蒼波無數遺珠在。可有漁人一網收。

聞俄警有感　汲軒

晉楚弭兵歷數秋。彌天禍種尚延留。將軍已作階前虜。宰相空煩席上籌。國士幾人埋碧血。軍何日起蒼頭。金陵王氣今猶在。可有江東孫仲謀。

送賀君歸國　健足生

虜馬臨江莫展籌。諸公袞袞孰同謀。大梁辯士猶存舌。蜀國將軍拚斷頭。重撥死灰延宿火。好排健翮振高秋。胡塵滿地乾坤毀。幾個炎黃血脈留。

題西湖平湖秋月　粹英

一覽故宮秋。天地悠悠。西湖花草不知愁。我有憂時無限淚。灑向清流。垂涕望神州。國辱民羞。寶刀誰斬佞臣頭。安得白旄麾誓衆。與子同仇。右調浪淘沙

登高偶成　粹英

劃然長嘯叩刀環醉插茱萸馬上還一杵疏鐘蕭寺晚夕陽紅葉畫秋山

文苑

金陵有閣祀湘鄉曾氏懸一匾額云『江天小閣坐人豪』有人以擘窠大字書其上曰『此殺我同種漢賊曾國藩也』詩以記之　　願雲

江天小閣坐人豪收拾河山奉滿朝贏得千秋題漢賊有人史筆已如刀

送匋耳山人歸國　　願雲

亭皋飛落葉鷹隼出風塵慷慨酬長劍艱難付別樽敢云吾髮短要使此心存萬古

英雄事冰霜不足論

嘉興平湖縣物產表

平湖爲海疆沃壤。陸資稻麥。水饒魚鹽。而草木禽獸果實藥品之類亦頗繁盛。今都爲十四門。

◎表一　穀屬

香秔稻　一名紅蓮稻粒瘦長雪色味香甘
雪裏揀　色白粒大稃軟有芒
晚白稻　即蘆花白
早白稻　一名瓜熟稻芒白米赤
紫芒稻　紫殼白粒
揀選稻　即黃選
鵲不知　秋初早熟一名痲鳥青
以上秔稻
金釵糯　粒長
鵝脂糯　一名羊脂糯
虎皮糯　色斑十月熟
馬鬃糯　黃殼長芒
白殼糯　細粒無芒
竈王糯　熟最早
羊鬚糯
蘆花糯
蒲萄糯　粒大無芒
以上糯稻
大麥　長粒長芒可爲餳
小麥　稃白芒短花夜開蠶合可爲麪

蕎麥 黑殼三稜

赤剝麥 一名圓麥無芒殼

以上麥

蠶豆 蠶時熟故名

白扁豆 一名羊眼豆

白豆 俗名毛豆更有青黃二種皆可作腐蕩地及東西地高阜不宜水稻多種之

香珠豆 細色而香大者名僧衣豆

黑豆 細者名馬料豆

綠豆 水漬生芽可爲菜其粉可去垢

赤豆

豌豆 一名小寒豆九月種三月熟

豇豆 俗名裙帶豆

刀豆 以形名醬中有髮入之則化水

野雞斑 色斑黑

以上菽

蘆秈 即黃龍稻米長而尖性稍硬湖田則種之其性如蘆不畏水淹秈之赤者俗名赤斑秈最粗糲

粟 有秔糯二種一種粒細有芒名環粟即高粱一種粒大穗如搖槌名珠珠米

以上雜糧

◉表二 蔬屬

芥菜

甜菜 葉光圓

菘 一名蕓薹菜冬種春生子可榨油名油菜夏斟冬收

不開花名冬菜

白頭春 宜醃藏禦冬

小白菜

薺菜

莧菜 有赤白二種又一種名馬齒莧即莧陸也

波菜 根赤味甘可芼羹

蒿菜

天菜 春雨久生田中

馬蘭頭 花開如小菊可作菜食

蘿蔔 根葉皆可食

芋 有白梗紅梗香梗諸名

山藥 根名零餘子可入藥品

薑 產邑之西鄉冬月窨藏春間商販銷路最廣

芹

葱 一種名龍爪葱

蒜

韭

菰 俗呼茭

茄 俗呼落蘇有紫白二種

蕹 有赤白二種

萵苣 俗名萵苣筍

芫荽即鵝不食草又名胡荽能發痘

筍有燕來筍貓竹筍茶筍杜筍鞭筍晡雞筍烏播頭錢鐵頭諸名

雷蕈桌蕩出品之上味也

松花蕈出陳山東麓爲多三月開松花入土至四五月經雨即生八九月復生鮮肥滑嫩素

百合色白而瓣似荷花者佳

黃芽菜莖扁心黃亦佳蔬也

紫花菜即蔓菁一名諸葛菜

金花菜俗呼盤歧頭

番藷今溫台人僑居海上多種之

◉表三　蓏屬

西瓜瓤有紅白黃三種產虹霓堰者佳

甜瓜即哈蜜瓜其種不一能發脾疾小兒忌食

王瓜色赤感火德而生

生瓜一種名田雞瓜

絲瓜架棚蔓生性最涼汁可療毒

地蒲一名匏子

冬瓜形大而長

木瓜釀酒最佳

壺盧有大小甘苦數種

北瓜形扁而赤黃色頗耐久然不可食

南瓜一名香瓜

◉表四　果屬

李其種來自鼎邑淨相寺亦佳

梅

杏

桃最佳者曰水蜜桃

白蒲棗

柿生柿苦澁以石灰水浸數日即熟而甘

石榴

枇杷有白毛者佳

葡萄

橘種自洞庭山來者居多

金柑大者名牛奶橘小者名金豆

橙似橘而味酸氣極香

香櫞氣極香可供玩

藕

蓮子

芰

調查會稿

菱 產馬墳瀵者佳

慈姑 一根歲生十二子逢閏生十三子如慈姑之乳其子故名

葧臍 俗呼地栗

林檎 俗呼花紅

栗

梧桐子 子生葉上可食

落花生 俗呼長生果忌與瓜同食今溫台人僑居海上多種之

桑葚 俗呼桑果

木蓮 夏日摘取擣碎揉以井水汁凝如腐可食

櫻桃 俗呼櫻珠

銀杏 俗呼白果

◉表五 木屬

松 有羅漢白皮金錢等名

柏 有剌柏檜柏諸名一種扁柏即側柏

楮 俗呼穀

椿 邑有椿樹坊多植此

檀

槐 花可染色樛枝者名盤槐

檜

楡

楝 長最速

梓

桑 葉宜蠶向惟西南鄉樹之今則城東二三十里近水處絕無曠土小民以此爲恒產焉

柘 桑類

楓 即烏桕

柞

槿 此二種多植以爲籬

冬青 子入藥

檉 俗名西湖柳亦名觀音柳

楊柳 一種名垂絲柳剪其枝插土即活

梧桐

樸 俗呼杪樸

樗

椶櫚

杉

銀杏 邑有銀杏坊以樹得名

石楠 宜植墟墓間

白莢 擣之可以去垢

香樟

黃楊 不多得作梳刻印最良

白楊 可爲鏤刻之用

◉表六 草屬

蘆 東鄉水畔皆生蘆蘆川以是得名	瓦松 在石曰烏韭在垣曰土馬騣	蒲 可爲席	臙脂 可以染色	燈草 其皮可編爲簑
薜荔 一名貼牆草	萍	簪 新舊相代四時常青	萬年青 結子甚紅	狀元鞭
孩兒草 俗名荷花紫草田家蒔以壅田		老少年	翠雲 一名翠茵	鳳尾 即馬鞭
芭蕉 花名甘露	吉祥 葉似蘭而潤厚經冬不彫	棉花 花可緝布子可榨油蠶桑之外又一大利	茅 根入藥	

◉表七 藥屬

枸杞 葉名天精草根名地骨皮產梁莊者佳	蛇床 花白子如粟粒	瓜蔞 根名天花粉	石菖蒲	艾 可以灸
薄荷 可代茶	五加皮	地丁草 即如意草花有紫白二色	蒲公英 即黃花地丁專治乳癰	青蒿 有十餘種
淡竹 即小青草	葛根 入土深者佳	商陸 即土大黃	茴香	蒼耳 即卷耳
荊芥	紅花 可以染	甘菊	萎蕤 即玉燭	女貞子 即冬青子

調查會稿

桑白皮 在土中者可用
土牛膝
豨薟草
旱蓮草 可固齒
省頭草 即蘭草

何首烏 有赤白二種以赤爲雄荒田有之
决明 有石决明草决明之異
藿香 夏日代茗可辟暑
半株蓮 一名續斷子治蛇傷最效
金絲荷葉 即虎耳治耳爛最效

紫蘇 有赤白二種
半夏 葉如竹根下重生
忍冬籐 凌冬不彫花名金銀可蒸露
車前子 即芣苢
麥門冬

香附 即莎草根
夏枯草 可代茗
天南星
益母草 子名茺蔚
瞿麥 即石竹

◉表八 竹屬

筀竹 葉長而濶
紫竹
斑竹 即相妃竹俗呼斑頭竹

箴竹 即水竹幹細作箴鹽水煮之柔韌如籐
黃莽竹 產陳山黃山獨山
苦竹 產昔竹山久絕

貓竹 產孟家墳爲貓竹筍如貓頭味甘美
篌竹 短細叢生可編籬
方竹 爲拄杖最佳不多見

慈竹 一名桃枝竹可爲席
鳳尾竹
哺雞竹 生筍最多

◉表九 禽屬

鷹

鳧 即野鴨小者俗名小葫蘆

雉 俗呼野雞麥田甚多

鵓 人家多畜之一種野鵓色純青不可馴狎

- 燕 春社去秋社來
- 鶻 有玉爪黑爪二種
- 鵝 性警夜
- 鴨 黃梅時鄉人成群放之曰黃哺鴨至秋肥大
- 雞 雞鵝鴨近時多以火炙卵而生名曰伏坊
- 黃雀 海邊小魚所化
- 麻雀 老而斑者冬月味美
- 鶺鴒
- 鷓鴣
- 鵓鴿
- 鵪鶉 善鬬蘆川以東人多畜之
- 秋鳥 價頗貴餽遺者以爲珍品
- 鴉 白頸者曰寒鴉
- 鵲 俗呼喜鵲巢高則旱低則澇
- 鷗
- 戴勝 田灼山看火之類蠶時自呼其名
- 啄木 穿木食蠹
- 鴛鴦
- 鸂鶒 俗呼紫鴛鴦
- 翠鳥 翅毛可爲飾
- 白鷴 一名綬帶似雉而色白亦有五色
- 鸕鶿 俗呼摸魚公善捕魚
- 鷺鷥
- 鶯
- 青鷦 或云即信天緣
- 白頭翁
- 百舌 即反舌
- 桑扈

◉表十 獸屬

- 牛 販自浙東土產者少
- 羊 山羊居多畜胡羊少
- 豬 糞可沃土
- 犬 小者少
- 貓 洋種最貴
- 獾 穴居墳墓有豬獾狗獾二種
- 兔 毛可爲筆
- 獺 水獸善捕魚
- 猬 遍身生刺其皮治胃逆
- 鼠 又有田鼠松鼠二種
- 鼬 即黃鼠狼毛可爲筆

◉表十一 鱗屬

- 鯉 金色者貴
- 鯽魚 出峯山烏背最佳
- 鱸 四腮者不讓松江
- 鱖 諸魚皆無肚此獨有之

調查會稿

白魚	梅後十有五日入時最盛[illegible]之時裏白
黃鱨	一名黃楊
鯿	即魴味美
鱧	即黑魚其首戴斗夜則北向
鰱	有花黃白三種白者佳
鯶	畜池中有青白二色俗呼池魚
河豚	味美有毒不宜食
鰻鱺	
鱓	俗呼黃鱔
鰍	俗呼泥鰍
鰟	小者春生有子者名鰟鼓
銀魚	
鰕	以上裏河產
青魚	味美可爲鮓
金魚	有龍種蛋種劍種可供玩
鰈	即比目魚
石首	俗呼黃魚小者名梅魚
鰡	子極細美
鱭	薄而骨多者名刀鱭
勒魚	
水母	俗呼海舌
白蝦	四月朱腦尤佳
海鰻	
海鷂	俗名呼魚
烏賊	骨名海螵蛸入藥
馬嗥	
鰣	
箬鰈	一名鞋底魚
帶魚	冬月甚多
鱘鰉	喙長骨脆鼻端有肉
鯧	身扁而嘴銳
跳魚	以上海族

◉表十二 介屬

龜	
鼈	俗呼甲魚亦呼團魚
蟹	小者名[illegible][illegible]蛛
蚌	
螺	生田中曰田螺
蜆	以上裏河產
黃甲	即蝤蛑
白蛤	
白蜆	殼薄而白味鮮
蟛蜞	生海塗中食土
沙虎	一名沙狗糟食甚美
蟶	菜花時最肥美
土蛈	一名沙蝗
	以上海族

◉表十三 蟲屬

蠶	近日城鄉居民無不育此其利甚大一種野蠶亦曰天蠶
蜂	土人於簷際養蜂釀蜜曰蜜蜂黑者曰鐵胡蜂毒能螫人
蛙	俗呼田雞稻花時最肥美
蟬	俗呼知了
蝦蟇	
蚓	一名地龍
蝴蝶	
蟋蟀	
螢	
蜻蜓	
蜘蛛	俗呼蝍蛛
螳螂	卵生桑上名桑螵蛸入藥
草螽	即絡緯俗名紡績娘一種呌哥小日蟄兒
壁蟢	
蠅虎	善捕蘆

◉表十四 貨屬

鹽	滷瀝鹽粒粗色青且凝成冰塊其味最鹹
油	有花豆菜三種菜油最貴
絲	比戶育蠶其利甚大但近年繭行廣設售繭者十之八九售絲者不過十之一二矣
木綿布	闊者大布狹者小布又有紫花布餘冬布諸名今則洋紗過業賤此寥寥

台州甯海縣之種種調查

◉地理之關係

甯海居北緯度二十九度四十四分。經度四度五十三分三十秒。其城凡三徙。初白嶠次

調查會稿

海游至唐始奠於今地。西接清泉。東連白嶠。南則環以大溪。北則土沃田廣。足資積聚。可謂擅一邑之勝矣。城之延袤一千五百四十一丈。高二丈四尺。廣一丈八尺。贏於東西（自東門至西門共五百五十丈七尺六寸）而縮于南北。（自大南門至大北門共三百二十六丈二尺四寸）爲門六。四周鑿池。每跨以石橋。此城池所由名也。城內之水。俗曰淮河。曰玉帶河。而治當其中。河水爲之環繞。水門在北門西偏。內爲蒲湖。會二河之水以入北河。武營衛於治之北。學宮峙乎治之南。其民居坊巷。星羅棋布。以大街爲最高。街之北則漸低。水流乎北。街之南則更低。水由南出。其山則自天台入境。分爲四幹。水在城北則入蜃海。在城東南則會五嶼洋。而此諸洋面。實踞甯台之要衝。蓋東北際海。而縣北之水。惟蜃樓門與峽山爲門戶。所以防西墊黃墩雨港也。縣東北六十里。有海口。（闊十餘里）以鎮之霹靂象之錢倉爲門戶。又東三十里。至定海則外洋也。縣東南水港口不一。有岳井港、車奧港以瀾頭山爲門戶。胡陳港、石橋頭港。以前橫靑爲門戶。瀝洋港、茶院港。以石牆頭古渡爲門戶。白轎港以越溪亭頭爲門戶。沙籛港以旗門渡爲門戶。海游港以竇奧司爲門戶。而要皆總轄於建跳之海口也。建跳所轄有五嶼洋蛇蟠洋。爲衆港水所會。洋面闊二三十里不等。是甯海之要害也。其東四十里為大佛頭山。下即南田。為外海口之重要。地（日人攻甯先注意于此）又南六十里西南六十七里之牛頭青塘諸洋。至海門皆外洋也。溯甯海防海之制。至明初禦倭冦而始備。洪武時。命湯和及方鳴謙度地審形。建城池置海門衛。（領前千戶新河桃渚建跳四所）所以防外洋也。設建跳所以防海口也。又設司以巡之。其城有五。曰長亭曰蔓奥。所以衛縣東南之內港也。曰鐵場。所以衛縣北之內港也。縣北之海口。則在象山鎮海境內。置覊䨟錢倉二所。而定海一鎮專防外洋者也。滿清入關至康熙年間。設海游越溪二寨。共置烽臺二十一處。各遣兵守望。今皆裁去。特建跳一所。自雍正八年。將海游左營守備改駐所城。光緒一年。又將建跳營改歸海標左營遊擊管轄。屬海門鎮（現雖派守備巡防建跳洋面而駐紮海門。故建跳之防守甚疏）所轄洋面。內自白嶠港之雞籠嶼。至南之中營交界青塘門北之象山九龍港。洋面遼闊。設大鈞船三隻。每隻駐水戰兵二十五人。所轄沿海各汛。曰建跳道頭汛（屬于本境）赤墈汛、大堿汛、沿江汛、牛頭門汛、白岱門汛。（皆屬臨海境）故今繪海防圖。必自海門始也。本營參府及中軍守備皆駐縣城。又設游海汛、大湖汛、（千總）大橫渡汛、亭頭汎、朱奧汎、西墊汎、（把總）亭旁汎、竇奧汎、黃墩汎、桑洲汎、（外委）岳井汎。（額外）巡守沿海等處。十年前王令瑞成以縣之南北洋面較闊。難于制守。又團南鄉海游鎭兵船二隻。助巡蛇蟠一帶。團北鄉硤山村兵船一隻。巡守蜃樓門一帶。此亦防海之急圖也。至論甯海幅員。東至象山。西界新昌天台。南極臨海。北接奉化。而邑之東北。環以大海。餘則皆崇山峻嶺。阨塞險阻。誠禦外侮之天障也。

◉風俗之狀態

民俗勤儉。民氣强悍。惟信鬼神。設祀賽會。擲黃金而不惜。甚至鬧事傷人。而尤以南北爲最盛。

男子業農商者最多。士次之。（半耕半讀之人家甚多）工又次之。（傭工四方者亦不少）然類皆安土重遷。即爲商者。亦少交通競爭之志。

婦女尙貞節。于歸一月後。未嘗傅粉。靜居閨內。不事遊冶。

子弟八歲就學。貧者學至十歲而止。富者或延師。或走讀。而皆囿于家鄉。其有志在遠遊之青年。父兄必橫加阻力。故甯海人之遊學者不甚多。

間有士林敗類。日夕讀經義史論。以爲弋取功名之計。一入泮。即出入公門。羅訟事。理公欵。以漁私利。至地方公益之事。如教育。如工藝。無一人顧而問之。悲夫

◉官場之活劇

甯海分縣也。本無知府坐任。今因鬧教事起。徐承禮到甯海。日坐在知縣衙中。故亦調查在內。

一知府徐承禮　蒞任已三年。無一善事可稱。去歲疊被憲飭。始改三台書院爲府學堂。延頑固老學究二人。僅課漢文。別無分科。今秋鬧教事起。欲拿巨首而不可得。遂亂殺無辜。視同草芥。民始羣起大譁。爭索人命。聞徐某已龜首而不敢出矣。

一知縣蕭慶增　庸庸無能。既不敢仇教。(天主教)亦不敢虐民。現已被黜。承其後者爲李炳坤。接任後。民案及種種地方公益事。一無所理。惟拿王某(鬧教巨首)爲第一事

一教諭王錫秋　蒞任二十餘年。一惟貨利是嗜。門生入冊。或犯規。必竭力敲剝。人皆呼爲王毒云。

調查會稿

一訓導劉文鑣　年少學淺人皆輕之。

一縣丞陳某　碌碌無可稱。

一典史顏澤訓　年少好利禁賭拿花會等事均可以賄免也

一參府孫紹發　年已六十餘嗜酒嗜財尸居無事所統三百人皆是疲敝之卒近已黜任候訊繼之者爲劉洛書亦一無事事惟拿王某甚嚴緊云。

一守府周翰　無善無惡今亦已被黜繼任者曰陳慶華亦一木偶也。

一哨官劉朝焯　辛丑歲調駐寧海統二百五十人鎗用後膛一歲或會操一次皆是舊法。

◉學堂書院之概略

縣學堂　以西門清節堂文昌閣兩處廢改始於今年九月告竣其經費由各公欵各書院提集常年約有二千金擬收學生四十八延教習二員總理無有事則集城中老茂才以商議之。

蒙學堂　設在南鄉海游鎮經費由地方捐出常年約千餘金總理一人教習五人。

辦事三人。學生八十人分四班。課目八。普通學尚稱備云。

城中緱城書院　在城東門裏。經費年約八百金。現撥五百金。歸縣學堂。

東鄉文正書院　在大湖汎。經費年約四百餘金。

西鄉拱臺書院　在柘湖洋。經費年約四百餘金。

又　莊士講舍　在上下張兩村之間。經費年約二百餘金。今撥歸縣學堂者百金。

南鄉龍山書院　在海游鎭。經費年約二百五十金。現盡撥充南鄉蒙學堂。

又　亭山書院　在亭旁汎。經費年約二百金。

北鄉遜志書院　在王溪口。經費年約三百金。

◉產物之特色

甯海全邑山海居十之八九。而田地則什一焉。故出產亦以山海爲鉅。

(甲)山貨

茶徧西南兩路　年產十餘萬金　山藥約有十餘種　年產十餘萬金

竹毛竹　年產萬餘金　笋　年產六七千金

調查會稿

柴　年產十餘萬金　炭　年產二十萬金

木松柏杉榛梓桐楓栢爲最　年產五十萬金　鐵　年產五六萬金

鑛苗有十餘處。均未開採。惟黃壇坑銀鑛。己亥歲鎮海劉某已開辦。木坑煤鑛。辛丑歲意太利人已開辦。兩處皆有成效。

(乙)海產

鹽公司設海游鎮　年產五百餘萬金天台新昌東陽三縣皆仰寗海以爲生也

魚黃魚鯉魚居多　年產六十萬金台鰲亦出于此

苔菜上海寗波皆待給焉　年產五十餘萬金

蜃蛤　年產七千餘金(待查)

海產甚繁。每年出息亦瑣碎。難查。近海居者。均資以生活。

◉游學人數

江南陸師學堂已畢業者四人未畢業者二人

浙江大學堂未畢業而告退者一人

杭州府學堂未畢業而告退者一人

浙江武備學堂未畢業者一人

留學日本成城學校已畢業者二人現在聯隊年內可入士官學校

又 二人

◎歷史上之人物

宋 羅適 舒閬風

明 章樸 葉適 上四人皆以文學兼理學著

宋 葉夢鼎

明 方正學 上二人皆以政才兼文學著

浙江全省壬寅年房捐酒捐膏捐總數

房捐 收墨銀十九萬三千四百八十三元二角七分零

酒捐 收墨銀二十六萬一千八百八十一元又尾錢十千六百四十文

調查會稿

膏捐　收墨銀十五萬九百九十元零又錢八十五千零

各屬局用已除。省局局用未除。

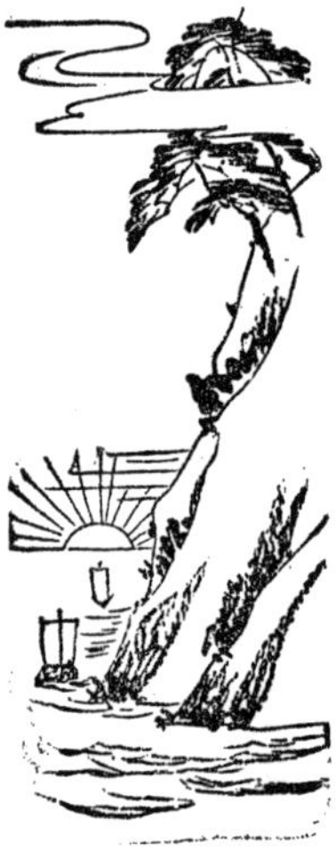

浙江文獻錄

是錄所搜先賢遺墨於世罕覯或藏之宗系或傳自異國刼灰未滅毅魄猶靈世有讀者若論文字此是美感若論性覺此是悪聲

北征錄 一作北征得失紀畧

張煌言

余自乙酉倡大義於甬東距今己亥十有五載矣其間棲山蹈海艱險備嘗俱無足論猶憶丁亥、歲持節監定西侯軍西征遭颶風覆舟陷鹵中七日得間行歸海上嗣後三入長江登金山畧瓜儀而師徒單弱迄鮮成績至戊戌、追隨賜姓延平藩北伐抵羊山復遇風碎舟返旆踰年歲在己亥仲夏延平藩全軍北指以余練習江上形勢推余前驅抵崇明余謂延平崇沙乃江海門戶且懸洲可守不若先定之爲老營不聽既濟江議首取瓜步時虜于金焦間鉄索橫江夾岸置西洋大炮數百位欲遏我舟師。延平屬余領袖水軍。先陸師入。余念國事。敢愛軀命。遂揚帆逆流而上。次炮口。風急流迅。舟不得前。諸艘鱗次。且進且却。兩岸炮聲如雷。彈如雨。諸艘或折檣或裂帆。水軍之傷矢石者。且骨飛肉舞也。余叱舟人鼓棹逆入金山。同䑸數百艘。得入者僅十七舟。而本轄則十三。嘻危哉。次早藩師始薄瓜城。一鼓而殲滿漢諸虜殆盡。乘勝而克其城。延平即欲直取石頭。余以潤州實長江門戶。若不先下。則虜舟出沒主客之勢殊矣。力賛濟師銕甕。而延平猶慮留都援騎可朝發夕至也。余謂何不遣師先搗觀音門。則建業震動。虜將自守不暇。何能分援他郡。延平意悟。即屬余督水師往。且以直達蕪湖爲約。夫蕪關固七省孔道。商賈畢集。居江楚下流。爲江界鎖鑰重地。況踰金陵歷采石。懸軍深入。此不可居之功也。余一書生耳。兵復單弱。何能勝任。雖然。倡義之謂何。顧入中原而不圖恢復耶。余何敢辭。於是江湖縮朒。水下如駛。海舟行遲。余易沙船。牽挽而前。未至儀眞五十里。吏民賫版圖迎王師。蓋彼都人士。知余姓氏有素。故遮道來歸。迄余抵儀。先一夕。延平先遣李將軍單舸往撫。余輙欲引去。圍郡士民。焚香長跪雨中。固邀余登岸。不獲已。登江濱公署。延見慰諭之。衆以李將軍無兵。恐虜騎突至。則無以捍牧圉。咸稽首留余保障。余迄不可。遂行。鴟首所向遺民無不具瓣香相送者。而江濱小艇載果蓏來貿易者如織。若不知有兵者。余顧而樂之。以爲儼然王師氣象矣。舟次六合得報藩師已於六月二十四日復潤洲。余計潤城已下。藩師繇陸逐北。雖步卒皆鉄鎧。難疾趨日行三十里。五日亦當達石頭城下。即作書致張茂之。即所號爲五軍者。謂兵貴神速若從水道進。師亘艦逆流遲拙。非策。余恐後期。因晝夜牽纜。士卒懸懸行蘆荻中。兼程而進。抵觀音門。乃六月二十八日也。不意藩師竟從水道來。故金陵得嚴爲之備。余艤棹觀音門兩宿。藩師戰船無一至者。余乃發輕舟數十。先上蕪湖。而身爲殿。泊浦口。七月朔。虜偵我大艅尚遠。遂發快船百餘載勁虜。侵晨出上新河。順流而下。擊船櫂如飛。余左右不滿十舟。且無風。戰不利。幾困。忽一帆至。則余轄下犂艚也。余既乘之復戰。後艅續至。虜始遁去。而日已曛矣。詰朝整師前進。虜匿不出。余部曲馳報江浦已破。盖余方與虜對壘也。先一哨越浦口旁掠。止七卒。抵江城。城中虜騎百餘。開北門遁。七卒遂由南城入。亦一奇也。捷聞延平。止余毋往蕪關。而且扼浦口以撫江邑。此七月初四日事也。

北征錄

翌日延平大軍亦抵七里洲。正商量攻取建康。而余所遣先往蕪湖諸將。捷書至。蕪湖已降矣。爾時上游聲靈不振。而留都守禦亦堅。延平謂余蕪城乃上游門戶。倘留都不旦夕下。則江楚之援日至。知非公不足辦此。余謙讓至再。延平但促予旋。于是率本轄戈船以行。而幕府之謀。自此不得與聞矣。七日抵蕪城。傳檄諸郡邑。江之南北。相率來歸。郡則太平、寧國、池州、徽州。縣則當塗、蕪湖、繁昌、宣城、寧國、南寧、南陵、太平、旌德、貴池、銅陵、東流、建德、青陽、石埭、涇縣、巢縣、含山、舒城、廬江、高淳、溧陽、建平。州則廣德、無爲、以及和陽。或招降。或克復。凡得府四州三縣二十四焉。先是余之按蕪也。兵不滿千。船不盈百。惟以先聲相號召。大義爲感孚。騰書縉紳。馳檄守令。所過地方。秋毫不犯。有游兵闖入摽掠者。余擒治如法。以故遠邇壺漿恐後。即江楚魯衛豪雄。多詣軍門受約束。請歸禡旗相應。余相度形勢。一軍出溧陽。以窺廣德。一軍鎭池郡。以扼上游。一軍拔和陽。以固釆石。一軍入寧國。以偪新安。而身往來姑熟間名爲駐節鳩茲而其實席不暇暖也余日夜部署諸軍。正思取九江。然延平大軍圍石頭城者已半月。初不聞發一鏃射城中。而鎭守潤江將帥。亦未嘗出兵取旁邑。如句容丹陽實南畿咽喉地尚未扼塞故蘇常援虜得長驅入石頭余聞之即上書延平大畧謂頓兵堅城師老易生他變亟宜分遣諸帥盡取畿輔諸郡若留都出兵他援我可以邀擊殲之否則不過自守虜耳俟四面克復方可以全力注之彼直檻羊穽獸耳無何石頭師挫緣士卒釋戈而嬉樵蘇四出營壘爲空虜諜知用輕騎襲破前營延平倉卒移帳質明軍竈未就虜傾城出戰軍無鬬志竟大敗時余在寧國府受新都降報至遽返蕪時已七月廿九日矣初意石頭師即偶挫未必遽登舟即登舟亦未必遽揚帆即揚帆必且復守鎭江余故彈壓上遊不少退而虜酋郞廷佐哈哈木管效忠等遺書相招余峻詞答之太平守將叛降于虜余又遣兵復取太平生擒叛將伏誅然江中虜舟密布上下音信阻絕余遣一僧賫帛書由間道訪延平行營書云兵家勝負何常今日所恃者民心耳況上游諸郡邑俱爲我守若能益百艘相助天下事尚可圖也倘遽舍之而去如百萬生靈何詎意延平不但舍石頭城去且棄鎭甕城行矣留都諸虜始專意于余百計截余歸路以爲余必受縛各將士始稍稍色變然刁斗猶肅然余欲據城邑與虜格鬥存亡共之復念援絕勢孤終不能守則虜

北征錄

必屠城。余名則成于士民。何辜而轄下將士家屬俱在舟。擬沈舟破釜。勢難疾馳。欲冲突出江。則池州守兵又調未集。諜忽報虜艘千餘。已渡安慶。余慮其與虜値。衆寡不敵。因部勒全軍。指上游。次繁昌舊縣。池兵亦至。共議進退。咸言石頭師即挫。江楚尙未聞也。我以艨艟竟趨鄱陽。號召義勇。何不可者。若江西略定。回旗再取四郡。發蒙振落耳。乃決計西上。初七、次銅陵。海舟與江舡參錯而行。未免先後失序。予一軍將抵烏沙峽。而後隊尙維三山。所與楚來虜舡果相値。余橫流奮擊。沈其四舟。溺死女眞兵無算。以天暮各停舟。夜半、虜舟遁往下流。砲聲轟然。轄下官兵誤爲刼營。斷帆解纜。一時驚散。或有轉蕪湖者。或有入焦湖者。西江之役已成畫餅矣。余進退維谷。遂沈巨艦于江中。易沙船由小港至無爲州。擬走焦湖。聚散亡爲再舉計。適英霍山義士來遮說。焦湖入冬水涸。未可停舟。不若入英霍山寨。可持久。余然之。因盡焚舟。提師登岸。至桐城之黃金弸。有安慶虜兵駐守。此地乃入山隘口。余選銳騎馳擊之。奪馬數十匹。殺虜殆盡。遂由奇嶺進山。一望在危峰峭壁矣。余轄下將士素不山行。行數日皆跰。且多携眷挈輜。日行三十里。余禁令焚棄輜重。而甲士涉遠多罷。余雖知必有長阪之敗。而赴義之衆。何忍棄置。亦按轡徐行。八月十七日。已入霍山界。去縣治七十里之遙。而所稱陽山寨者。直咫尺間耳。寨在山巔。可容萬人。饒水泉。向多義旅。近爲虜始撫。有一褚良甫者。亦義師。受虜符據寨中。余令將佐先以書往通。欲借寨屯衆。而彼巳聞石頭師挫。有向背心。堅不納。然寨居險。萬夫莫能仰攻。余遂移札東溪嶺。思走英山入將軍寨。但將士疲甚。偶語沙中。俱以窮途爲憂。余强起報行。占一數。四課俱空陷。余大驚。因申令詰朝早發。是日余率騎兵前驅。但慮前有敵人。而豈意追騎之躡其後哉。余方踰嶺。後軍忽報虜奄至。急回馬。而旗靡轍亂。士卒皆驚竄山谷中。虜騎巳當面矣。余顧左右。止二十餘騎。步卒不滿百。因勒馬高坡。以待後軍稍集而擊之。詎料後軍以爲截斷。首尾不相顧矣。虜騎復合。余念鬭死無名。單騎突圍走。止一僮携印相隨焉。嗟乎。余之入山。非避死也。尚圖控連江楚。收河南之大俠。雲擾中原。天下事未可知也。奈何孤軍無援。鼓聲不振。卒以潰敗。東溪不爲控扼者。幾希。天耶。人耶。余去敵稍遠。而土人利散兵財。皆手挾鳥銃。游奕四山。余牙門將。逃而復返。與余值。呼之偕行。紆廻山岡間。迷失道。土人在山麓覘知。即邀至山

北征錄

阻去路。余出百金爲壽。土人即送余山广。期以日暮導余出山。三人始變服。而余將欲趨行下。惟恐土人之叵測也余曰死固我分也藉土人叵測吾當明言姓氏令昇至建康從容就義耳不然者脫虎穴矣是盖有命焉及酉土人果來導余復裹脫粟相餉。食畢乘月而去一夜行七十里。皆羊腸鳥道崎嶇特甚。初余在馬上着靴後舍騎而徒。偶得雙屩。納之實不容足中宵涉水履益加窄迨曉十指血殷踵盡裂余尙竭蹶奔趨而腹且餒。乃望門投止。謀朝炊主人問所從來導者答余爲館師。已則賈客也。皆以兵難避去而導爲之送往。因具盤飧。余爲之進一七。復行適余散兵十許。遇諸塗。見余驚喜欲相勞苦而導者恐耳目。大駭疾走。余恐迷失道。亦躡導疾走而村中豪傑。觀者如堵。竟相遮問。盖村中惟聞余兵入山。風鶴甚。見蹶者趨者必謂兵之躡其後也。故執途之人而問之。導者見村中之遮余。疑必事露。計不返顧。並余襆被亦負之而趨。回顧余之將與僮尙鵠立隔溪。余既失道復失導不得不返就余將與僮步履倉皇。鄉音復異。村中復疑余爲虜卒敗遁。益環擁索金錢。余恐村中或有他變。妄應之。且傾囊分贈諸人。始稍稍解去余視其中貌厚者俾之導行强而後可。

其人姓胡。昆季三。貌厚者其伯氏也。特余但欲導出山達康莊。他不遑計。是日又行三十里托宿焉。逆旅主人胡族屬也。忽胡之季猝至。招其兄出耳語。已而主人咸出。余意其識余行踪。必行甘心於余。然已無可如何。胡却入語余曰。君從海上來。非虜卒也。余曰然。子何從知之。然則奈何。胡曰君適在村中。不有十數人過我門乎。避予旁舍。予季問之。知君亦海上人也。恐吾等導不力。是以來耳。然胡終不知余爲何許人也。胡之老人。重具雞黍。爲余言此村中豪傑。向年亦舉義旗。卒不成。受虜殘虐。故今莫敢有窺左足而動者。不料此番石頭師挫。君輩又敗績。吾儕不復睹漢官威儀矣。嗟泣久之。復前要盟。余易姓名里居相告。兼謀所向。僉云當從安慶渡江。當余之離蕪關而趨江上也。余舊時賓從歙人朱君來謁。叩其近狀。云變姓名賣葯于安慶之高河埠市中。仍欲從余戎行。余謂事已裂矣。此行利鈍未卜。贈以金。麾之使去。至是余憶前語。遂令胡導之高河。而胡亦云導之高河能事畢矣。余益不得不訪朱君而問道焉。信宿達高埠。已薄暮。余令導與童子先之。問朱君葯室所在。詎知朱君別余後他往。尚未返高河。市人見童子之問朱君也。覺有異。咸踪跡之。市中豪傑徐某

北征錄

金某。皆歆產。與朱善。偶從橋上。聞童子之問朱君。市人之蹤跡童子。亦覺有異。竟以數語解散市人故余得無恙然朱君未返。無居停主。轉投逆旅。逆旅嫗亦歆。入聞余爲朱君來。故止余宿。而胡之導余者。將于次早別。余悵悵無所問津。益無聊。晨興忽憶安慶向有賣稻舡。往來江南北。必取道樅陽湖。而高河之樅陽。一水可通。遂令胡代余覓便帆。將渡江出池州。登九華山。徐圖歸計。買舟既定。舟人期亭午鼓棹。余故暫止逆旅。而徐某金某自外入與余聯榻坐。問余何來。余告以館穀歸江南。便道訪朱君。逆旅中無賴子。遂詰予訪朱君胡爲者。余亦謬爲應對。而金與徐素昧平生。語言時陰左右余頃之。金目起余。余起。金引入空倉中。問余曰。君得毋姓張乎。余詭曰吳姓。金曰不然。日者吾同朱某來江上。從鄰舟竊見丰采。君固司馬公也。業提師入山矣。何以至是。將何之。蓋金同朱至江上。余方焚舟。計事旁午。金無從晋謁。而朱別去。金亦踉蹌歸。以故朱君與余交誼。金稔知之。而金與朱君行踪。徐固熟聞也。先一夕余過市。金固疑之。與徐謀曰。玆二客之訪朱君。得非山中使者乎。盍往物色焉。故是晚之解市人。及是晨之過逆旅。殆有天幸。及見余。徐不識也。金識之。余亦不諱告以故。金轉告徐。徐曰江上未解嚴。誰能爲蘆中丈人者。倘疎虞。可若何。因要余至其家匿之。始通姓名。備道夜來與朝來事如此。二君其誠有心人哉。適安慶虜兵經高河。士民畏虜如虎。盡室避村野。余不得已。亦相隨避兵。至一何姓家。亦金徐密友也。翌日余去。金徐二人。另買賣稻舟藏舟。次令何某伴余由樅陽出江。渡黃盆。抵張家灘。登岸。而金與徐別從安慶來相會于張家灘。灘屬池之東流。徐之兄賣葯于村中。故問津焉。于是由建德祁門兩山中走休寧羊腸鳥道。較霍山尤甚。余復病瘧。扶疾而行。頭涔涔汗下如雨。形容枯槁。幾作溝中瘠矣。東達延袤高山。多小寇出沒。或乘夜剽掠。土人相率持兵守嶺頭。凡遇客皆榷金。名爲禦寇。實爲寇也。余冒險奔馳。道路以目。將次祁門。江右義旅陳九思屯朱橋村。舍逋逃。商旅裹足。而獨余行。行不止。人多怪之。賴導皆歙人。得無他。計程兩日可抵休邑。買棹溪行。即可達嚴陵。未至休邑三舍。輙聞有兵阻抵郭外。果蜂屯蟻聚。闤闠盡閉。蓋虜之叛將新復歸。僞長吏慮有變。登陴。余緣是不得入。止郭外。招提戢羽。潛鱗雖子胥吹箎。不是過也。而耳目漸集。乘閒抵城中。寓徐之諸父家。其諸父善岐黃。有隱君子風。余至。盛爲治具。然亦謂

北征錄

余舘師。與其猶子善。不知爲余也。兵退。買棹嚴陵。過新安。亭。亭長呵止之。索篙師金。始放行。達街口。有廵司廨。邏卒登舟譏察。見余將北音魁梧。疑爲亡虜。持之急。徐起而與邏卒鬭。而廵司適之郡。不在廨。是以事得解。解維過淳安。已入浙矣。省會有文符捕民艇載虜兵絕浮梁。余舡藏他港不獲進。卒爲所司捕去。行路難。一至是哉。余乃紆道走遂安。凡兩買棹。纔達嚴郡。余旣入浙。晦迹益難。計惟山行可無恐。乃自婺之東義。出天台以赴海壖。然羊腸鳥道。較徽州更甚。時余將已令取道于杭。而金徐諸人。皆不諳浙道里。向者導導余而玆則余導導然。余實茫然。問途已經得至海濱。濱海居民。咸來問訊。遠近鬨然。知余得生還矣。回思霍山奔止以來之安慶、之池之徽、之嚴、之婺之浦江、之義烏、之天台、之寧海。計程二千餘里。間關百折。何其窮也。復追思。何崇明進師而瓜步而潤江、而和陽而太平、而寧國、而徽而池、而盧之諸邑州。乘勝長驅。又何其壯也。然而轉瞬成敗異勢。榮瘁殊形。是又戲也。夢也。余自丁亥迄己亥。前後入江。豈歲在雙魚而一再躓。疑若有數焉。然以十五載之簡練揣摩。旣得之而復失之。人壽幾何。河淸難俟。不亦重可慨也夫

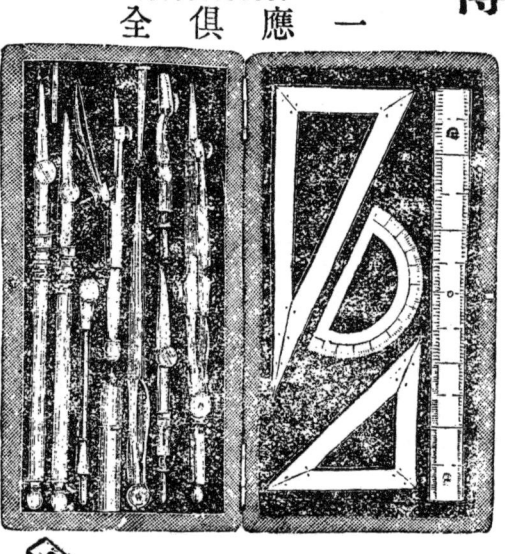

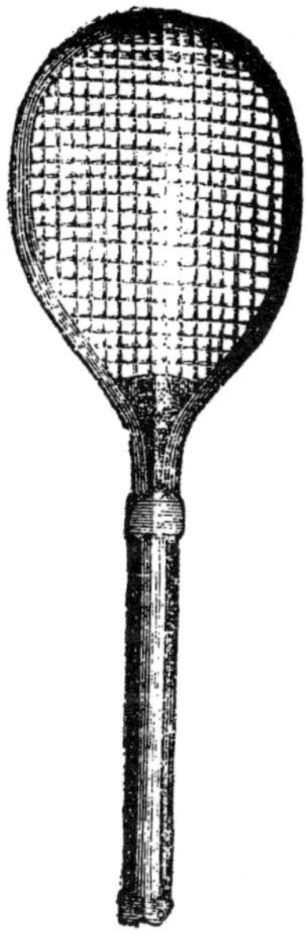

体操器械

運動器具各種

文房用品

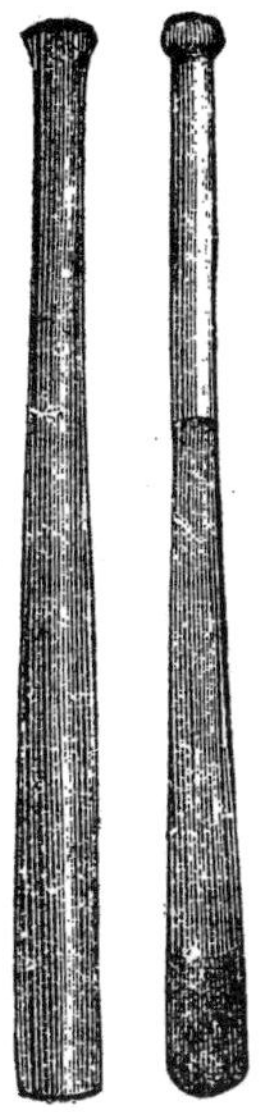

製造發兌本舖

以上各種品目繁多大凡日本各種學校講新學適用之器具本店無不應有盡有諸尊賜顧者凡公共團體或多數批發定價格外從廉

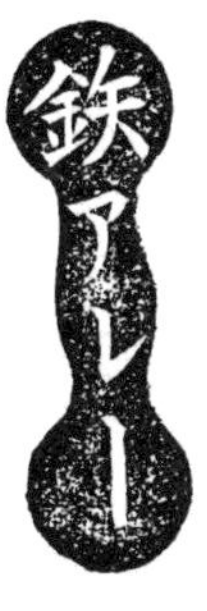

日本東京市神田區表神町六番地

生雲堂　片桐本店

（電話本局貳千六百参十壹番）

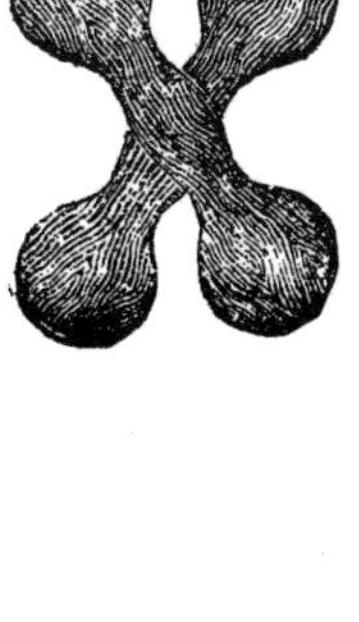

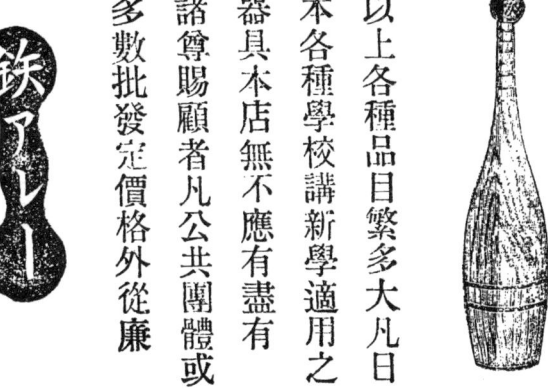

敝所蒙
貴國留學諸賢囑印政法學報教科書不下數十種其紙質之精良墨色之鮮明字跡之端整業承
貴國朝野士紳謬相稱許邇來遠道函託者尤覺絡繹不絕當益自奮勵廉價製造無論面訂函商俱能尅日應需特將營業種類列後倘蒙光顧不勝榮幸之至

活版部　東西書籍　各種帳簿　東西圖板　新聞告白　網目板　亞鉛板　旬報　電氣板之類

石印部　地圖　票據　滙票　告白　公司股票　各種商標　肉筆印刷　一切圖畫之類

照相部　照相製印刷銅板　三色版　照相板　美術板

日本東京淺草區黑船町廿八番地

東京並木活版所

東京並木活版所工場